Faire corps

Sophie Benard

Faire corps

Une exploration intime et clinique du corps

Pour Ayla et Solveig,
mon livre-corps,
entre corpo-théorie et, j'espère,
corpoésie.

Sophie

ÉQUATEURS

ISBN : 978-2-3828-4492-2.

Dépôt légal : mars 2024.

170 *bis*, boulevard du Montparnasse, 75014 Paris.

editions-des-equateurs@orange.fr
www.editionsdesequateurs.fr

« Mon existence comme subjectivité ne fait qu'un avec mon existence comme corps. »

Maurice Merleau-Ponty
(*Phénoménologie de la perception*).

« Qui sait ce que peut le corps ? »

Michel Serres (*Variations*).

« Oh, tu sais, le corps, l'esprit… *same shit.* »

Mon copain Nadir.

Esprit de corps

Je l'entends d'ici, se demander si je lui appartiens. Pour elle comme pour moi, je ne suis pas un corps parmi les autres : je suis le sien. La peau ne marque pas seulement la limite de mon intérieur, elle enveloppe aussi son dedans à elle.

Je suis « son » corps. Du latin *corpus, corpori*. C'est-à-dire le cadavre, la charogne, le corps mort – c'est vexant.

Je suis « son » corps. Elle ne fait pas ce qu'elle veut de moi, pourtant : je ne suis ni sa créature ni son caprice. Elle peut me tatouer ou me percer pour quelques euros ; me muscler, m'assouplir ou m'amincir au prix d'efforts que nous négocierons ensemble. Mais elle ne peut pas m'allonger les jambes – je sais qu'elle les trouve trop courtes. Cent soixante centimètres en tout, pas un de plus. Elle ne peut rien contre le rythme soutenu auquel bat le cœur. Le médecin Romain l'écoute régulièrement, chaque cœur à son rythme, dit-il : rien d'inquiétant tant que sa cadence reste la même, au fil des mois et des années. Elle ne peut rien à la taille des organes internes ni à la plupart de mes habitudes, réflexes, instincts. Elle ne peut rien contre certaines de mes défaillances ni contre mon vieillissement.

Si je suis « son » corps, c'est surtout par la relation singulière que nous entretenons. Elle me connaît. Théoriquement, d'abord : elle sait que le cœur a deux ventricules, que le cerveau ressemble à des intestins. Elle vient d'apprendre, en revanche, que l'estomac est entouré d'une paroi musculaire. Il est même logé au cœur de deux couches musculaires, la couche longitudinale externe et la couche circulaire. Il s'ouvre sur le muscle longitudinal de l'estomac, et se termine sur le muscle longitudinal du duodénum. Esthétiquement, ensuite : elle sait chaque angle du visage, chaque irrégularité de la peau, chaque courbure des hanches et des fesses. Elle s'étonne parfois quand même ; cette tache de rousseur a-t-elle toujours été là ?

Intimement, surtout, en fait. Elle sait quand j'ai froid, chaud ou faim, quand je veux marcher, prendre l'air ou m'allonger, quand je digère difficilement, quand j'ai soif, peur, ou envie.

Elle sait aussi, j'espère, qu'elle peut compter sur moi.

Je ne suis pas un corps pensant parce qu'elle m'habite. Je suis pensant par les neurones, ceux du cerveau, ceux de l'estomac. Je suis pensant dans le ventre, dans la peau, par les organes des sens. Je suis pensant, plus que jamais, dans le sommeil. Comment peut-elle raisonnablement croire que je représente une menace pour sa pensée ? J'y échappe, à sa pensée, je m'en échappe, je m'y soustrais. Mais je l'ordonne, aussi : je priorise, j'agence, j'emmêle – j'incarne.

Je suis corps théorique, corps médicalisé, corps esthétique, corps social, corps vécu – tout à la fois. Le temps qu'elle s'approprie l'une de mes dimensions, j'ai déjà fait un pas de côté. Elle cherche à comprendre ce qui se joue en moi quand je tombe malade l'hiver – elle se renseigne sur ce qu'est une rhinopharyngite, précisément, sur ce qu'il m'arrive. Le temps qu'elle comprenne, je suis guéri. Volontiers amnésique, elle aura oublié ce dont il était question l'hiver prochain. Elle saisit l'ampleur de ce que signifie un corps de jeune femme dans la société, en amour, au travail ; je ne suis déjà plus si jeune. Elle apprend à apprécier la perfection de mes formes ou les angles de mon visage ; les fesses s'écroulent sur elles-mêmes et des sillons se creusent sur le front, autour des yeux. Elle comprend que je souffre des températures excessivement élevées ; je me prends d'amour pour les étés méditerranéens.

Tant pis pour elle. La connaissance qu'elle voudrait avoir de moi, de toute façon, a-t-elle un autre but que de me dominer ? L'attrait esthétique pour le savoir du corps, l'attrait esthétique pour les corps – ceux des autres, moi – ne sont-ils pas une manière de me faire objet ?

Je me laisse penser, quand même, de guerre lasse. Peut-être un peu tyrannique, peut-être un peu capricieux, c'est quand sa pensée s'accorde un autre objet que moi que je la perturbe parfois. C'est vrai, je peux gêner la concentration qu'elle m'impose, faire gronder le ventre, peser la tête ou les paupières, réclamer de la nicotine, provoquer une démangeaison. *N'oublie pas que j'existe.* Mais ce que je ne voudrais surtout pas, c'est être pris pour un enfant gâté qui, constatant qu'on ne s'intéresse pas à lui quelques minutes, s'agite pour regagner l'attention. Je sais me taire, faire croire au silence des organes.

Suis-je pour autant la machine qu'elle se représente parfois ? Il me faut du carburant pour fonctionner, c'est vrai ; à moi les nutriments essentiels. Mais c'est bel et bien moi qui pense : qu'elle essaye un peu, de se concentrer sur quelque question métaphysique ou démarche administrative, alors que je digère mal ou qu'un muscle me fait souffrir. C'est moi le point de départ de sa pensée. Les belles idées, les grands concepts, c'est moi. La liberté, la justice, l'amour, l'infini, Dieu, c'est moi. Qui d'autre ?

Qui d'autre ? Je suis l'allure, la silhouette, la démarche, le visage. C'est moi qu'on reconnaît, c'est moi qu'on caresse, c'est moi qu'on soigne, c'est moi qu'on enlace, c'est moi qu'on aime. Si je suis la médiation entre elle et le monde, je suis elle. Je vois, je goûte, je sens, je touche, j'entends – et c'est moi que les autres peuvent voir, goûter, sentir, toucher, entendre. Ils peuvent voir le visage, sentir notre parfum ou l'odeur de notre shampoing, toucher les mains ou les cuisses à travers le jean ; mais ils peuvent aussi voir ma nudité, goûter les muqueuses, m'entendre – pas seulement la voix mais le ventre qui gargouille, la gorge qui couine. Ce n'est pas le cas avec un cadavre, une charogne, un corps mort.

Levée du corps

Les planches d'anatomie me fascinent. Cette connaissance superficielle et mal maîtrisée apaise mon appétit, me rassure ; le rassure, lui aussi. Chacun de ses organes est représenté, nommé et décrit. Tout est à sa place. Qui des deux apprivoise l'autre, quand je plisse ses yeux, penchée sur un livre d'anatomie ? Qui est le plus fasciné de se voir représenté, quand son doigt suit les lignes d'un dessin qui représente ses propres muscles, os et tendons ? Ses poumons savent-ils que je les regarde, que je me perds le long de leurs bronches, jusqu'à leurs bronchioles, leurs alvéoles ? Se gonflent-ils alors d'air ou de fierté, de se voir si complexes – si justes ?

Sauf erreur – de la nature ou dans mes recherches – il se compose de six cent sept muscles. Je croyais en sentir la plupart, dans l'effort, les crampes ou les courbatures. Je dois en sentir dix pour cent.

Dans la proprioception, cette perception que j'ai de lui de l'intérieur, par les sensations dites « kinesthésiques » et « posturales », je perçois apparemment la position de quatre cents de ses articulations et la tension de cinq cent soixante-dix de ses muscles. Non seulement le compte n'est pas bon – où sont passés les trente-sept muscles restants ? – mais je n'aurai jamais d'accès clair et distinct à cette perception. Ce que je peux consciemment sentir, tout au plus, c'est que je suis assise, debout ou allongée, si ses jambes sont repliées sous ses fesses ou étendues.

Certains de ses muscles sont dits « de mouvement », et les autres « posturaux ». Ses muscles posturaux maintiennent son squelette, luttent perpétuellement contre sa tendance à se courber vers l'avant. Sans eux, son crâne pendouillerait, son buste s'affaisserait, cassé au niveau du bassin, son centre de gravité. Le mouvement est créé par le raccourcissement simultané de toutes les fibres musculaires d'un muscle, qui conduit à la contraction de ce dernier. Plus court, le muscle attire les tendons à lui, et les tendons entraînent les os avec eux : le squelette s'agite.

Je retire mon pull précipitamment. Son biceps droit, même au repos, dessine ses contours sous sa peau. Je lui relève lentement l'avant-bras : le biceps enfle – et se raccourcit. Pour le moment… tout se passe comme prévu. Je vois même ses tendons se relever, dans l'intérieur de son coude, entre deux grosses veines bleues. J'enfonce l'un des doigts de sa main gauche dans le muscle : tout mou. Je serre son poing, le biceps se dessine encore plus nettement. Quand j'appuie dessus, la résistance est un peu plus grande.

Pour une même action, un muscle agoniste se contracte, et un muscle antagoniste s'étire. C'est un signal électrique envoyé par son cerveau qui mène à la contraction de chacun de ses muscles. Ce signal peut être envoyé consciemment ou inconsciemment – c'est vrai que, sauf quand elle est à ce point alourdie d'épuisement, je n'ai pas conscience des muscles qui tiennent sa tête, par exemple. Et c'est seulement quand ils s'engourdissent d'ennui que les muscles de son dos ou de ses épaules se font sentir. Plus que le repos, c'est le mouvement qu'ils réclament, dans ces moments-là.

Les corps n'ont que faire de l'égalité et de la justice – barbares. Gracieux ou disgracieux par hasard, vaillants ou faibles selon l'occasion, sains ou malades comme si de rien n'était – sans foi ni loi. Et pourtant je leur pardonne tout, à ces corps qui se laissent connaître, de l'extérieur, de l'intérieur, dans les moindres détails.

Diable au corps

Tu as la douleur en mémoire : c'est toujours d'un mouvement furtif que tu vérifies la température d'une surface. Tu souffriras moins de la brûlure si la pulpe de tes doigts ne fait qu'effleurer la chaleur. Si tu cognes l'un de tes membres dans l'embrasure d'une porte ou sur le coin d'un meuble, tu te replies instantanément sur toi-même, tu soustrais ton épaule, ton coude ou ton pied, les ramènes à toi, poses une main dessus. Tu anticipes la douleur.

Tu l'as peu connue, pourtant, la douleur. Le souvenir d'une pyélonéphrite, de ton rein changé en boule incandescente, ton dos impossible à redresser, ta colonne recroquevillée, enroulée autour de l'organe torturé. Le souvenir de l'extraction de tes dents de sagesse, ta mâchoire entière, lentement broyée, comprimée dans un masque de fer, la sensation de ta langue contre tes gencives à vif – viande crue, gorgée de sang, molle et puante. Quelques souvenirs d'angines carabinées, de ta gorge qui se déchire dans un bâillement, qui s'écorche dans une parole ou à la déglutition. Tes souvenirs m'obligent : j'honore ta mémoire en soignant tes dents avant qu'elles ne deviennent douloureuses, en éliminant tes cystites avant que l'un de tes reins n'en souffre.

Tu as si peu connu la douleur ; tu pourrais vivre l'esprit léger, encore insouciant du pire. Mais tu as connu la souffrance, cette douleur sans lieu, sans début ni fin, et je ne peux rien contre la pesanteur qui t'alourdit depuis. Je ne peux rien contre la terreur qui t'habite, t'envahit encore parfois, contre l'effroi de laisser à nouveau la souffrance s'installer. Je n'y peux rien car je n'ai rien pu faire alors. Je n'y peux rien car je n'ai toujours pas compris ce qu'il t'est arrivé. Tu m'as laissée démunie, incapable d'interpréter tes nausées, ta tachycardie, tes suées, tes malaises, tes angoisses. Incapable de trancher : étais-tu la cause du trouble ou la scène sur laquelle se jouait la tragédie ?

Tu as commencé par laisser tes jambes faiblir, tes muscles se soustraire au moindre effort. Tes jambes de coton, au milieu d'un couloir de métro. Peur de tomber, de te salir, d'écorcher ta peau sur le sol : je te faisais t'asseoir précipitamment.

Tu as voulu dormir. Beaucoup, tout le temps ; ton sommeil trop lourd, presque douloureux. Déraisonnable, surtout : dès dix-neuf heures, et jusqu'à onze heures.

Tu t'es laissé attraper, à la moindre occasion, par la nausée. Peur de vomir, de sentir ton œsophage se retourner, ta bile jaillir. Je devais te faire fermer les paupières le plus fort possible pour ne plus imaginer tes molaires dans un bain de salive acide.

Tu as laissé ton cœur s'emballer, se désordonner, ta respiration s'accélérer jusqu'à ce qu'il ne soit plus possible de te faire ouvrir les poumons pour y loger une profonde inspiration.

Tu m'as laissé tomber. Je te faisais confiance, tu n'avais jamais fait ça. Tu étais malade, il n'y avait pas d'autre explication. Je t'ai fait passer tous les examens possibles et imaginables – quel cinéma tu m'as fait, à chaque prise de sang, toi qui les supportais pourtant sans broncher, avant. Pas une seule carence, pas une seule irrégularité : rien à déclarer. J'aurais préféré manquer de fer, comme tout le monde, que de me retrouver seule face à ta trahison.

Tu tentais forcément de dire quelque chose, non ? On ne se met pas dans des états pareils pour ne rien dire. Ne m'étais-je pas suffisamment occupée de toi ? T'avais-je affamé ? T'ai-je trop soumis au stress ? De quoi cherchais-tu à te venger ? Cherchais-tu à te venger, d'abord ? Est-ce à moi que tu parlais ?

À qui d'autre ? As-tu vraiment cru que tu intéresserais quelqu'un d'autre que moi ? Que quelqu'un se pencherait sur ton cas, pour entendre la souffrance d'être un corps précaire, d'être un corps de femme ? Sois raisonnable.

Je me suis sentie prise en otage. Soumise. J'ai vécu au rythme de tes nausées, de tes crises, de ta terreur. J'ai subi et fait subir chacune de tes fuites, de tes manquements. Tu t'es refermé sur toi-même, tu as tenté de te soustraire au monde et aux autres. Hypocondriaque et pervers, tu m'as enfermée dans ton délire. Tu ne voulais plus rien faire, plus rien voir, plus rien sentir, rien d'autre que toi et la souffrance que tu te fabriquais. Tu refusais l'effort. Tu refusais de sortir, d'exprimer, de manger. Tu fuyais les foules, refusais les transports en commun, le transport amoureux. Et j'étais tellement, tellement en colère contre toi.

J'ai eu peur de toi. J'ai eu peur de te doucher, tout prêt que je te sentais à t'écrouler sur toi-même, à laisser ta tête cogner contre la faïence de la baignoire. J'entendais le bruit de ton crâne éclaté. J'ai eu peur de te nourrir, tant tu semblais prompt à tout régurgiter. Avec ta respiration difficile et désordonnée, comment ne te serais-tu pas étouffé dans tes tripes ? J'ai eu peur de te faire prendre l'air ; impossible de ne pas imaginer la peau fine de tes bras écorchée par le bitume, dans une chute, ta chair pénétrée par tous les graviers, toutes les saletés de la rue.

Sais-tu la confiance qu'il m'a fallu, pour ne pas me méfier de toi, alors que tu t'emparais d'un couteau de cuisine pour découper un aliment ? Pour ne pas craindre que tu avales entières, avant que j'aie le temps de m'en rendre compte, les boîtes de psychotropes qui t'étaient prescrites ? Parce qu'ils étaient pour toi, pas pour moi, les psychotropes. C'était toi qu'il fallait calmer, c'était toi le malade. Mais je n'ai jamais perdu confiance en toi, je le jure. Je n'ai pas eu peur, sur les quais du métro, que tu te laisses tomber sur les rails ; c'est des autres que j'avais peur, je te le jure.

Sais-tu les efforts que j'ai faits, pour t'imposer ? Le nombre de psychanalystes et de psychologues que j'ai congédiés, parce qu'ils refusaient d'entendre ton urgence ? Parce qu'ils voulaient que je parle de moi, alors que c'est de toi qu'il fallait parler ?

Je ne comprends toujours pas bien ce qu'il t'est arrivé, mais je suis fière de notre terrain d'entente. Je t'ai écouté, t'ai laissé le temps qu'il t'a fallu ; il t'en a fallu. Je t'ai laissé dormir de tout ton soûl, des mois durant. Je t'ai prouvé que tu n'étais pas seul, que je pouvais t'aider. Moi aussi, j'existe. J'ai appris à t'aider à maîtriser ton rythme cardiaque – l'inspiration l'accélère très légèrement, quand l'expiration le ralentit : si je te force à faire durer tes expirations plus longtemps que tes inspirations, ton cœur s'apaise. Je t'ai prouvé la puissance de tes muscles, ceux de tes cuisses, ceux de tes fesses, que je t'ai montrés dans le miroir dans toutes les positions de yoga possibles. J'ai fouillé Internet à la recherche des remèdes les plus simples et les plus efficaces pour te rendre ton confort. À chaque fois que je te fais respirer de l'huile de menthe poivrée, désormais, ce n'est pas seulement ta nausée qui s'envole, c'est surtout ta crainte de me voir t'ignorer.

Je t'ai appris à me faire confiance : même si je ne comprends pas, même si ce n'est pas rationnel, je te laisserai fuir toute situation qui te rend malade. Tu as gagné : je n'ai plus besoin de te comprendre pour t'écouter.

Je sais que le souvenir de la souffrance te hante, que la moindre nausée t'alerte, que les sensations de faim et de fatigue sont devenues insupportables. Mais je ne te surveille plus : tes mains trouvent d'elles-mêmes le chemin du Tranxène le plus proche, les rares fois où tu sens que tu ne t'en sortiras pas tout seul.

Corps immergé

D'une année à l'autre, je me souviens. Par tous les muscles et dans les poumons, je me souviens de la nage. Je ne nage que l'été, parfois dans des piscines, plus souvent dans la Méditerranée. Elle ignore si j'ai assez de « réserves » – ça veut dire assez de gras – pour supporter l'eau froide. Il suffit qu'elle regarde les nageurs irlandais ou bretons se confronter à leurs eaux glaciales pour que je frissonne. Hors de question ma grande ! Je n'oublie pas le regard de dégoût qu'elle laisse traîner sur les quelques grammes de gras qui enlacent les abdominaux, ou la petite réserve que je constitue bon gré mal gré autour des grands fessiers. Elle fait fi de mes besoins les plus élémentaires dès qu'elle pense voir mes réserves de graisse s'étendre un peu, et elle croit que je vais lui offrir ce gras durement gagné pour aller nager dans la mer d'Irlande ? C'est l'eau tiède de la Méditerranée que je veux ; celle qui ne m'éprouve que par ses courants ou ses vents, jamais par sa température, celle à travers laquelle je vois le fond et les poissons. Celle à laquelle j'appartiens.

Je ne suis plus assez entraîné pour nager très longtemps. Je l'ai été pourtant… Je m'en souviens. J'ai nagé une heure toutes les semaines pendant une quinzaine d'années. J'ai été un « bébé nageur » avant de devenir un corps de jeune nageuse. J'ai appris à respirer, à maintenir mon horizontalité, à rouler les épaules, à serrer les doigts les uns contre les autres pour ne pas laisser s'échapper le moindre filet d'eau. J'ai incorporé les techniques – de la brasse, du crawl, du dos crawlé, et même du papillon. J'ai adoré l'eau, sa résistance, son chlore, le rythme qu'elle impose à mes mouvements, son formidable silence. J'ai adoré apprendre à plonger.

Et puis elle a décidé qu'elle manquait de temps. Il a fallu choisir d'être une sportive ou une bonne élève. Elle trouvait pénible de m'immerger dans l'eau froide l'hiver, de rentrer avec les cheveux mouillés, de me raser tous les vendredis avant de m'enfiler un maillot de bain. Je ne tombais pourtant que très rarement malade. Elle a aussi trouvé que les épaules se dessinaient un peu trop pour des épaules de femme. Seins très menus, épaules très dessinées : j'ai failli m'échapper de la forme qui m'était destinée.

Bien sûr que je lui en veux. Je nageais ; les muscles étaient puissants, les poumons amples, les articulations huilées. C'est pour me consoler qu'elle m'offre la Méditerranée. Je la voudrais quatre mois par an.

Car je dois attendre l'été, maintenant, pour retrouver le souvenir de mes facultés. Je suis toujours à l'aise dans l'eau. Les poumons, pourtant affaiblis par le tabac et le manque d'exercice, s'organisent, décuplent leur capacité. Jamais, hors de l'eau, la respiration n'est si ample. Ce n'est pas un automatisme, c'est un réflexe. Une inspiration. Une immense colonne se creuse, écarte la cage thoracique – quelques bouffées s'échappent dans les épaules, vers les biceps. Une légère brise arrive jusqu'au bout des doigts. La colonne monumentale, ancrée derrière les abdominaux, prend la place de tous les organes – plus d'estomac, plus d'intestins. Elle pousse le périnée, qui lui résiste ; c'est à partir de lui que l'air se propage vers les muscles des cuisses. Leur puissance est consommatrice, mais le soupir atteint les orteils. Ils se crispent de plaisir.

Je prends toujours le temps de connaître le lieu précis où je m'apprête à m'immerger. Je détermine la limite jusqu'à laquelle je peux m'aventurer sans risquer de manquer de forces ou de souffle pour rentrer. Je mesure ce que la résistance du courant ou du vent va me coûter d'énergie. Je vérifie la présence ou l'absence de bateaux de plaisanciers – si je viens à manquer de cœur entre deux d'entre eux, je serai repêché. J'inspecte les reflets ; je ne crains pas les poissons, mais me méfie des méduses. Leur piqûre provoque une vive brûlure : je risque d'être surpris, de boire la tasse ou de prendre peur. Mais c'est aussi moi que je jauge. Ai-je suffisamment bu et mangé ? Suis-je en forme ou un peu fatigué ? Une poignée de secondes et je sais tout ce que j'ai à savoir. Je plonge. La mer se courbe pour m'enlacer. Pas une éclaboussure, jusqu'à ce que je plie les genoux pour sentir les mollets claquer contre la surface. J'ignore tout de la légende qui raconte qu'il faut s'humidifier la nuque avant de rejoindre l'eau.

Je suis petit singe agile, au moment de reprendre possession du gros rocher sicilien qui me sert de plongeoir. Les doigts et les orteils s'étendent, vérifient la solidité de leur prise avant de s'agripper. Puis je me relève – bipède. Presque nu, sur ce rocher que je connais par cœur, qui m'appartient parce que je l'aime plus que personne. Les semaines les plus touristiques sont passées, ou pas encore arrivées ; je suis seul. La peau humide, les cheveux et les poils du pubis encore gorgés d'eau. Les pieds nus se posent avec prudence, ils évitent de se couper. S'ils s'écorchent dans l'eau salée, je ne le sens pas et c'est seulement le petit trait de sang qui me l'indique, mais hors de l'eau ils craignent la douleur.

La colonne vertébrale est longue. Massés par la chaleur, les muscles qui l'enserrent se détendent. La tête bien haute, les yeux plissés par la lumière du soleil. La peau est déjà brunie, protégée par la crème. Je m'accroupis pour boire, petite guenon.

C'est seulement après que je redeviens femme, qu'elle me rappelle à l'ordre et que j'enserre mes cheveux dans un foulard pour leur rendre un peu d'ordre, que je reprends conscience du visage et lui rends sa moue, que je cambre le dos pour me rendre belle. Aucun regard sur moi pourtant, seul avec mon rocher et ma mer.

Nerf sensitif

Ma peau est le plus grand de mes organes sensoriels. Son épiderme comprend toute une série de mécanorécepteurs capables de réagir à la moindre pression. Bien sûr, leur densité varie : ils sont plus nombreux sur la pulpe de mes doigts que dans mon dos.

Comme il y a des gauchers dits « contrariés » – qui, enfants, attrapaient instinctivement leur crayon de la main du diable avant qu'on leur impose de ne pas l'utiliser – je suis une tactile contrariée.

Manon dit souvent qu'elle n'est pas tactile ; et c'est vrai qu'elle touche peu. Elle ne se précipite pas pour étreindre, pour embrasser. Je la vois même rarement se passer la main sur son visage ou dans ses cheveux. C'est seulement quand elle a un peu bu que ses mains s'autorisent les balades – un verre ou deux suffisent à son corps menu pour qu'il se délie. Et c'est aussi plaisant que surprenant de sentir sa petite main se poser sur ma cuisse ou mon genou. Encore un verre, elle finit par incliner sa tête sur mon épaule, et par ouvrir ses grands yeux bleus pour me regarder, son visage tout près du mien.

Très souvent, j'ai envie de toucher les autres ; j'ai parfois l'impression de devoir empêcher ma main d'aller s'installer sur une autre, de devoir empêcher mon bras de s'étendre par-dessus des épaules ou mon coude de s'appuyer sur une cuisse. Comme Manon à jeun, je me réfrène.

La première fois que j'ai rencontré Olivier, c'était pour le travail. Il venait de faire paraître un livre sur lequel je m'apprêtais à écrire. On s'est retrouvés, et il a assis son immense corps en face de moi. Sous la table, ses genoux touchaient les miens : ses jambes trop longues envahissaient tout l'espace entre nous. Il m'adressait des sourires timides, dissimulés sous une épaisse barbe. Quand j'ai posé mes premières questions, il a retroussé ses manches et a dévoilé des avant-bras dont les dimensions m'ont évoqué mes cuisses : mon interviewé du jour était un véritable ours brun. Au-dessus de sa barbe, deux grands yeux d'une rare délicatesse, qui contrastaient avec son allure de colosse.

Quelques années plus tard, je retrouve Olivier pour déjeuner. Comme dans mon souvenir, je lui arrive en dessous de la poitrine, il doit se plier en deux pour m'embrasser. Il a vécu, quelques mois plus tôt, la mort de son fils. Par-dessus nos crêpes bretonnes, Olivier me parle de son enfant mort, et laisse ses larmes couler. Sa vulnérabilité me bouleverse ; si cet immense corps se retrouvait soudainement secoué de sanglots, toute la terrasse du restaurant se mettrait à trembler. Et si le chagrin le faisait s'écrouler sur lui-même, je n'aurais jamais la force de le soutenir, de le relever.

Je n'ai rien à dire, on ne console pas quelqu'un de la mort, toujours immorale, toujours inacceptable. Je porte mes deuils pour toujours, et je sens bien que lui aussi. Il a une main sur la table, à côté de son assiette. Je voudrais poser ma main sur la sienne, pour expliquer que je n'ai rien à dire, qu'il n'y a rien à dire, que c'est le pire du pire, mais que je suis là – mon tout petit corps en face du sien. Je n'y arrive pas.

Je suis tactile, pourtant. Je me touche beaucoup, d'abord. Je touche mon cou, mes cheveux, mon visage, mon ventre, mes fesses – tout le temps. Je me surprends même parfois en train de caresser l'intérieur de mon bras, là où la peau est si fine qu'on peut presque se chatouiller soi-même. Mon propre contact, comme mon reflet, me rassure, m'aide à me concentrer.

Je touche aussi beaucoup Julien. Je caresse, je papouille, j'embrasse, j'attrape, je mords, je tripote. J'ai toujours une crotte d'œil ou un cil à lui enlever, une tache de rouge à lèvres d'un précédent baiser à effacer, une mèche de cheveux à déplacer – je tripatouille. Le moindre petit bout de territoire accessible est immédiatement caressé ou embrassé. Il est assis à son bureau, j'embrasse sa tempe ; il est en train de cuisiner, je lui mords le bras ; il dort, je dépose un baiser entre ses omoplates ; il regarde un film, je laisse reposer ma main sur son sexe. Je lui rappelle que son corps est là, que le mien aussi, et que c'est bien.

Alors les autres ? Les autres, je profite des bises pour leur attraper, furtive, l'épaule, le bras ou la nuque. Ce qui m'empêche de les toucher à loisir ? Sûrement l'évidence de l'intimité que créent les gestes, et la conscience que tous n'ont pas nécessairement envie de la partager. Mais c'est aussi une sorte de peur : que vais-je me mettre à dire, si je touche ? Ma main qui caresse, mon bras qui enlace, mon coude qui interpelle ; ils sont tous moins précis que ma parole. Et s'ils m'échappaient ? S'ils créaient de l'incompréhension ?

Et si ma tête, en se posant sur une épaule aimée, lui paraissait lourde ?

Dents déciduales et permanentes

Aussi loin que nos souvenirs nous portent, nous avons toujours été très crispés – presque angoissés – par tout ce qui concerne nos dents. Est-ce pour ça qu'elles ont maintenant cette tendance à se frotter les unes contre les autres la nuit ? Comme si elles avaient absorbé la tétanie provoquée par leur histoire. Comme si elles l'expiaient par cet odieux crissement nocturne.

Dans l'enfance, il a fallu les perdre, une à une. On nous parle encore de la crainte excessive qui nous habitait, dès que l'une d'entre elles commençait à chanceler sur ses racines. La chute des dents déciduales n'a rien d'anodin ni d'acceptable. Mais par un mystère qui nous échappe, autant que celui qui fait accepter à tous ce sommet d'immoralité qu'est la mort de ceux qu'on aime, tout le monde semble trouver ça normal.

Une organisation complexe se mettait alors en œuvre – nous avons toujours su nous rassurer par les aménagements minutieux. Il fallait éviter tout contact brutal avec la dent. La nourriture était broyée de l'autre côté de la mâchoire. Les aliments durs ou susceptibles de disperser des miettes ou des morceaux dans notre bouche étaient esquivés. Nous savions, bien sûr, que rien n'empêcherait l'infernal processus d'arriver à son terme. Mais tout plutôt que de laisser une dent tomber. Tout plutôt que de se retrouver avec un petit bout de nous dans la bouche, le goût du sang pour dernier adieu.

Il paraît qu'il est fréquent de rêver de la perte de ses dents. Ça ne nous arrive jamais : nous n'avons aucune raison de nous infliger un tel cauchemar. *Mais vous voyez bien que ça vous hante, vous aussi, puisque vous en rêvez !*

Plusieurs fois, il a fallu consulter un dentiste. Laisser quelqu'un plonger ses doigts gantés dans notre bouche, supporter le contact de la chair boudinée par le latex. L'odeur du dentiste, encore aujourd'hui, nous retourne l'estomac. Nous restons en alerte, les muscles de nos jambes sur le qui-vive, nos yeux parcourent les pièces, les couloirs, repèrent et envisagent la possibilité de la fuite. Il revenait au professionnel en blouse blanche de tirer légèrement les dents de lait qui ne tenaient plus qu'à un fil – de bave. Nous ne nous sommes jamais sauvés, mais nous sommes plusieurs fois tombés dans les pommes. On a cru que nous étions allergiques à un produit anesthésiant ; comme si le symbolique n'avait pas le pouvoir de nous priver de conscience quelques secondes.

Les dents définitives ont poussé, bien solides, bien épaisses, bien blanches – mais très désordonnées. Or l'alignement est crucial : par lui nous pouvons montrer, en un sourire, que nous avons grandi dans un milieu social correct, que nos parents nous ont aimés et soignés au point d'investir. Nos dents ont été contraintes, par des fils de fer et de plastique. Et puis le chantier s'est avéré trop important, et la sentence est tombée : dents trop grandes, mâchoire trop petite. Il était physiquement impossible de faire entrer nos trente-deux dents dans cette minuscule mâchoire. Un dentiste a dit qu'il ne fallait pas essayer de faire entrer des dents d'éléphant dans une bouche de souris. La décision a été prise : deux dents doivent sauter. Nous nous sommes laissé délester de deux prémolaires, en haut, avant de laisser les autres dents s'épanouir et jouir de la place qui leur restait.

Sûrement parce que nos dents y sont un peu plus menues, l'opération n'a pas été répétée pour le bas de notre mâchoire. Le mauvais sort jeté par les dentistes fait lentement son effet : nous les voyons, au fil des ans, commencer à se chevaucher à nouveau. Les deux incisives du milieu se croisent très légèrement. En bas, à gauche – c'est une prémolaire – une dent disparaît petit à petit derrière la barrière formée par les autres. Comme pour ralentir le processus, notre langue appuie souvent dessus quand elle n'a rien d'autre à faire. Notre mère a, elle aussi, une dent plantée derrière les autres, en bas ; peut-être que le mauvais sort des dentistes n'y est pour rien. C'est de famille.

Nous nous sommes souvent questionnés au sujet des dents, cette partie du corps qui demande un soin si quotidien, si minutieux, simplement pour se maintenir en bon état. Les dents seraient-elles des oubliées de l'évolution ? Comment faisaient les hommes et les femmes qui ne se les brossaient pas tous les jours ?

Et puis les mystères ont perdu de leur profondeur. Nos ancêtres vivaient bien moins longtemps que nous : ils mouraient sûrement avant que leurs dents ne se détériorent. Ils devaient, entre-temps, beaucoup souffrir, de caries, d'abcès ou de ce genre de désagréments. Peut-être même pouvaient-ils en mourir. Quant à l'évolution, elle n'est qu'adaptation à l'environnement et au mode de vie, elle ne peut pas « oublier » une partie du corps, elle est ce qu'elle est, ni bonne ni mauvaise ; ce sont les explications de Julien, que nous questionnons souvent à ce sujet, parce qu'il semble avoir compris mieux que nous certaines de ses subtilités.

Plutôt que de les questionner – elles n'ont aucune réponse – il nous faut les soigner. Les brosser tous les jours, déloger le tartre qui se loge inlassablement entre elles, et les faire vérifier tous les ans. Nous nous y appliquons avec attention, en souvenir du prix que leur alignement a coûté mais aussi parce que nous savons que leur état dénonce la condition sociale et le mode de vie.

Nous connaissons très bien les règles ; et notre dentiste, condescendante et désagréable, nous les rappelle à chaque occasion. Éviter le vin rouge, la cigarette, le thé et le café. Nous n'avons rien évité. Il serait sûrement malvenu de leur reprocher, désormais, de manquer un peu d'éclat.

Passer sur le corps

Bien sûr que non. Bien sûr que personne n'a eu à lui passer dessus. Quelques millions d'années déjà qu'il ne défend plus son territoire à la déchirure de ses griffes, à la précision de ses coups ou à la morsure de sa mâchoire. Il se serait battu à mort, pour cet endroit. Ça aurait fait moins mal.

J'ai tout fait, tout essayé, pour lui éviter l'outrage. J'ai échoué. La propriétaire du petit appartement qu'il habitait depuis dix ans souhaite vendre son bien. Tous les problèmes n'ont pas de solution : je n'ai pas les moyens de lui acheter mon nid, je dois le quitter. Point final. Il ne me pardonnera jamais ; moi je voudrais hurler l'injustice qu'on lui fait subir. C'était chez lui, et je suis folle de rage.

Dix ans qu'il se réfugie, travaille, se soigne, se repose, pleure, rit, se nourrit, dans ce petit rectangle si lumineux. Dix ans qu'il voit passer les saisons sur les arbres d'en face, qu'il se perd en eux pour mieux me laisser réfléchir. Dix ans qu'il aménage, décore et nettoie, sourire aux lèvres ou larmes aux yeux, son front imbibé de sueur ou ses doigts raidis par le froid. Un tiers de son existence.

Il n'est pas assez large pour contenir la mémoire de tout ce qu'il a vécu ici : il y laissera autant de souvenirs que de cheveux tombés sur le carrelage blanc et de cellules cutanées renouvelées, devenues poussière. Il ne se dilatera plus de rire aux blagues de Sylvain, à cette table noire. Il n'étreindra plus Julien face à cette grande baie vitrée. Il ne connaîtra plus la joie de laisser Clémence envahir son espace d'énergie et d'éclats de voix.

Il est si désabusé que je ne garde pas la face ; et la gardienne de la résidence, à qui j'annonce le déménagement, se rend à l'évidence : *vous avez l'air si triste.*

Ils ne sont même pas si musclés, les déménageurs. Leur force, c'est leur méthode. Chacun à sa place, chacun son rôle. Le poids des meubles, des cartons pleins à craquer de livres ou de vaisselle, s'efface derrière la technique implacable des professionnels. L'habitude rend efficace. Ils l'impressionnent, ces corps disciplinés et capables, lui qui s'est si rarement coulé dans l'exercice de la rigueur, la répétition et l'optimisation des gestes.

Incompétent et maladroit, il devient encombrant. Réduit à regarder ses meubles se laisser manipuler. Emporté par la danse des travailleurs, le peuple d'objets au milieu duquel il vit depuis toujours. Ces objets qui l'accompagnent, le rassurent et qu'il a tant dépoussiérés, ces objets fragiles, encore plus fragiles que lui, qui risquent de se briser, de s'abîmer.

C'est la chorégraphie la plus cruelle à laquelle il ait jamais assisté. Quatre corps au travail, entre les cartons et les meubles, quatre corps qui déplacent et qui portent. Ils n'y sont pour rien, eux. Ils ne sont sûrement pas propriétaires non plus. Et lui, plus petit et fragile que jamais, désemparé, débordant de larmes et de souvenirs. Seul au milieu de son univers que quatre inconnus s'emploient à vider.

Il n'a pas la possibilité de résister, il ne va pas s'agripper à cette baie vitrée qu'il a tant aimée pour attendre d'en être délogé de force. Il ne va pas mesurer ses forces minables à celles des hommes qui le déménagent. Il n'a plus rien, plus de possibles que les larmes. Et la présence du corps de Julien, loyal mais trop frêle pour le soutenir.

Comment lui faire comprendre que je vais lui reconstituer un nid ? Je n'ai rien pu faire pour éviter l'exil c'est vrai, mais j'ai dégoté un point de chute. Comment lui rappeler qu'il n'est constitué que d'habitudes et qu'il en prendra de nouvelles avant même de s'en rendre compte ?

À la moindre fragilité, il me rappellera sa douleur. Comme ce soir d'hiver où je l'ai fait passer, ivre et frigorifié, devant l'immeuble dont il avait été délogé quelques mois plus tôt. Il a laissé couler trois larmes glacées sur ses joues. Une fois couché et endormi, ailleurs, il a rêvé. Au lieu de continuer à marcher, il s'est arrêté devant l'immeuble, a composé le code et est rentré. Il est monté au sixième étage, s'est dirigé vers sa porte, a glissé sa clef dans la serrure et, en se rendant compte qu'il ne pouvait la faire tourner, s'est souvenu qu'il n'était plus chez lui. C'est sa tristesse d'animal délogé de sa tanière qui m'a réveillée.

Fluide

Ce n'est pas l'une de tes plages. Ce n'est même pas ta mer. Et pourtant.

Je te connais : je t'y ai emmené, comme à chaque fois que le travail ou le hasard m'en rapproche.

Pulsion ou instinct ? Tu me supplies. Tu n'es plus, tout à coup, ce corps docile qui se laisse lacérer la taille par une ceinture en cuir. Tes pieds souffrent de rester enfermés dans leurs bottines. Il fait bon, le vent est doux, tu ne frissonnes pas – l'automne n'est pas encore là. Tu ne veux plus aller nulle part, tu ne veux plus rien faire. Tu veux être ; dans l'eau.

Tu réclames. Mais je n'ai pas de maillot, pas de serviette de bain. Je ne peux pas laisser mon sac tout seul. Il faut déjeuner, et marcher les quarante minutes qui te séparent de la gare.

Tu implores ; il faudrait se baigner en sous-vêtements, sécher à l'air libre, enfiler une culotte sèche, remettre le jean. Ce sera désagréable, de voyager plein de sel et de sable, tu le sais.

Tu ne m'écoutes pas, hein ? Tu me fais même chanter : voilà qu'il te faut impérativement faire pipi. Ce serait tellement plus simple d'y aller dans la mer plutôt que de crapahuter dans les rochers pour s'y cacher.

Tu n'es donc pas si mature que tu en as parfois l'air. Que valent les rides au coin de tes yeux, les creux sur tes fesses ? Quelques vagues et tu te comportes comme un enfant gâté. Que valent tes souvenirs ? Tu t'es baigné des milliers de fois ; tu auras des centaines de nouvelles opportunités. Mais tu refuses de laisser passer la moindre occasion.

Allez, tu as gagné. Calme ta vessie : tu vas te baigner. Tee-shirt et culotte, et pas au-dessus du ventre, d'accord ? C'est déjà pas mal. Tes cheveux restent au sec, et pas besoin de changer de haut avant de repartir. Tu sèches au vent, tu te rhabilles, et direction la gare. Je sais qu'une fois les cuisses dans l'eau tu vas vouloir nager, mais on a fait un compromis – tu t'en souviendras ?

Fais-moi profiter, quand même ; de tes pieds habiles qui cherchent l'équilibre sur les cailloux, du sel qui picote tes jambes fraîchement épilées, de l'odeur de la mer, de l'eau qui t'enlace.

Oh et puis, après tout, ce n'est peut-être pas si grave de prendre le train les cheveux humides et gorgés de sel ?

Corps politique

Je préfère l'intérieur – avec une tendresse particulière pour le mien ; seul lieu où je peux me déployer, ne pas être aux aguets. Dehors, c'est plus fatigant, moins confortable. Il n'y a pas seulement le froid à combattre, la chaleur à encaisser, les voitures et les vélos à éviter. Il y a eux.

Ils me ressemblent : deux bras deux jambes un nez deux yeux. Souvent plus grands, épais et brusques que moi. Surtout, ils ont tous les droits sur moi, de me regarder, me gêner, me toucher. Ou de m'ignorer, me bousculer, me nier. Ils peuvent aussi, et s'en souviennent aussi bien que moi, me rabaisser, me frapper, me forcer, me violer. Certains portent leur dangerosité en étendard, les plus perfides la camouflent. Pour me défendre, rien. Ni ma force ni la loi ni les autres. Tout au mieux quelques bonnes intentions pour paver les rues.

Ils ne me craignent pas, ne craignent pas la loi : c'est moi qui ai peur. Tout le temps. Qu'ils me suivent, me touchent, me violentent, m'insultent, me regardent. Leur seul regard peut me salir, me rappeler à mon unique alternative – désirable ou méprisable.

Ils prennent plus de place que moi, écartent plus grand leurs jambes, parlent et rient plus fort. Ils essayent de me faire disparaître. Je dois lutter en permanence pour subsister. Surjouer la place dont j'ai besoin pour m'asseoir, puisque ma présence seule ne suffit pas. Laisser la main effleurer les leurs sur la barre du métro, simplement pour avoir le droit, moi aussi, de m'y tenir.

Tendues, les épaules se tiennent hautes, comme pour protéger le cou. Les abdominaux restent contractés, les mains se glissent dans les poches pour les recouvrir. Au moindre contact inattendu avec eux, je sursaute. Tigresse prête à rugir, ou lapin à détaler. Au moment du soubresaut, je me suspends entre les deux, me laisse le temps de décider.

La résistance n'est pas toujours possible. Parfois trop fatigué, trop faible, trop malade, ou simplement abandonné par elle, je me laisse faire. Je me rétracte, me faufile entre eux, me glisse dans les recoins qu'ils daignent me laisser, baisse les yeux.

Tant pis, j'attendrai d'être à la maison pour me retrouver, pour occuper à nouveau la place qu'il faut pour me sentir exister.

Du pouvoir dont ils jouissent dans la rue à celui qu'ils exercent sur moi dans l'intimité, un pas, un petit pas pour l'homme. Je laisse pourtant certains d'entre eux pénétrer mon espace – volontairement. Ils regardent les livres, effleurent les objets, en brisent ou en abîment quelques-uns, par manque d'attention et de délicatesse, m'effleurent. Et s'il leur prenait tout à coup, comme c'est si souvent le cas, la pulsion de me faire du mal ? S'ils utilisaient leurs forces, sûrement plus importantes que les miennes, les combinaient à la dissymétrie de nos rapports, pour me frapper, m'étrangler, me violer ? Le moindre haussement de ton me crispe tout entier. Protecteurs, les abdominaux se contractent, la nuque se raidit : je me prépare à fuir ou à combattre.

Chez moi, sur mon propre canapé, elle doit répéter que j'ai besoin de place pour m'asseoir. Ici, je refuse d'avoir à me rétracter, à me rapetisser. Elle impose ma loi, rappelle inlassablement les règles. On ne pisse pas debout si on ne nettoie pas la cuvette ensuite – et pas avec un bout de papier toilette, avec une éponge et du vinaigre ménager.

On ne s'endort pas en plein milieu du lit, puisque je suis là, j'existe, ne vous en déplaise. On ne se fait pas jouir en moi sans prévenir ni sans s'assurer que, moi aussi, j'ai joui. On manipule mes objets avec attention, on les repose à leur place. Même pour jouer ou pour rire, on ne me pousse pas, on n'entrave pas mes mouvements, jamais. On ne me coupe pas la putain de parole.

Je paierai la moindre de ses inattentions, le moindre relâchement de sa vigilance. Si je me laisse aller au repos de l'intimité partagée, si je deviens chatte domestique, me frotte et caresse, m'enivre de contact et de présence, je serai lésé. J'ouvrirai le frigidaire pour le découvrir vide, je m'endormirai frissonnant parce qu'on ne m'accorde qu'un bout de couette. Je serai envahi. Une main trop brusque autour du cou, des doigts entre les muqueuses – *ai-je dit oui ou exprimé le moindre désir ?*

Je sais que non ; c'est elle qui doute. Je sais, moi, que ma seule présence ne constitue pas une invitation, ni ma nudité.

Une nuit j'ai été forcé – plus clairement que d'autres fois, je veux dire. Sûrement pour se faire pardonner ses doutes, les quelques fois où elle m'a abandonné à mon objectification, elle n'a pas laissé passer. Comme pour me faire comprendre que ce n'était pas de ma faute, que ce n'était pas normal, elle m'a fait endurer des heures dans un commissariat – entouré d'hommes. Elle a raconté des dizaines de fois la même histoire, d'une confondante banalité. Je savais déjà, moi, que je ne voulais pas et que personne n'a le droit de me pénétrer sans que je le désire. Je n'avais pas besoin de ces heures de victimisation au commissariat, qu'elle dise à quel âge j'ai eu mon premier rapport sexuel, si j'aime ou non le BDSM. Autant pisser debout dans un violon, en plus.

Corps mort

Ce corps nous impressionnait, nous qui étions si jeunes, par le nombre et la profondeur de ses rides, ses tremblements, l'ampleur de sa vulnérabilité. Ses yeux toujours humides dont une larme allait parfois se perdre dans l'un ou l'autre des creux du visage.

Ce corps qui a fini par prendre tant de place, que l'approche de la mort a raidi, solidifié, qui a rendu les marches de plus en plus difficiles à gravir avant de se résoudre à l'immobilité. Ce corps qui annonçait sa mort à venir, cette mort inacceptable et à laquelle il fallait, par avance, se résigner, la mort de notre petite mamie de presque cent ans.

Ce corps que la terreur aurait pu nous faire fuir. Que nous avons inlassablement enlacé, embrassé, soutenu, dont nous avons verni les ongles. Que reste-t-il de ce corps, désormais ? Est-il encore corps ?

Ce n'est pas que l'âme ait survécu au corps – *soyons sérieux.* C'est encore une autre histoire. Ce corps, désormais délesté du poids de la mort approchant, existe toujours, pour nous, dans les lieux qu'il a fréquentés. Ce n'est pas au cimetière que nous allons nous rapprocher de lui : ce n'est pas là que nous l'avons connu. Le pèlerinage se fait dans le grand centre commercial que nous avons tant arpenté avec elle, accrochés à son bras.

Où est-elle, le reste du temps ?

Elle s'est logée tout entière dans les nombreuses lettres et cartes qu'elle nous envoyait, son écriture de plus en plus tremblante et incertaine. Son corps habitait déjà si fort sa graphie, ces papiers qu'elle a manipulés ; il est désormais contenu tout entier, avec toute sa vulnérabilité, sa fragilité, dans la petite boîte en carton qui protège ses lettres. Presque dix ans que notre petite mamie a disparu, et ces lettres restent impossibles à déplier, ces cartes à retourner. Nous avons désormais le droit de nous protéger de l'insurmontable douleur ; et si nous n'avons jamais délaissé son corps vieillissant, la loyauté n'impose plus de se confronter à l'insoutenable.

Corps du délit

J'ai attrapé un petit objet – peut-être un tampon périodique sans applicateur – avec l'intention de l'insérer dans son vagin. Juste pour voir. Je n'y avais alors jamais rien inséré, mais je savais que c'était possible. Assise face à une glace, les jambes relevées – concentrée. Et c'est en fait dans son anus qu'a terminé l'outil. Je me suis rendu compte de mon erreur, bien sûr : la sensation évoquait trop la défécation pour être la bonne. Quand même, je suis restée un peu circonspecte. On m'avait dit et enseigné qu'il y avait deux trous, un pour le vagin, un pour l'anus. Pourtant, face au miroir, je n'en voyais qu'un, moi, de trou.

Pourquoi évoquer deux trous, s'il n'en a qu'un ? Sa vulve n'est pas trouée – et plus je la connais, plus je peux l'affirmer. Elle est tout sauf un trou ; elle est au contraire une accumulation, un empilement de muqueuses. (Mais je peux, effectivement, glisser des choses, petits objets, petits organes, petits instruments médicaux, entre ses muqueuses.)

Plus tard, déjà familiarisée avec les sensations de pénétration anale et vaginale, j'ai entrepris de masturber son clitoris. Magazines féminins, émissions de radio et forums sur Internet m'avaient révélé le secret : une petite boule très sensible se trouve au-dessus de son urètre, et c'est elle qu'il faut tripoter.

Son clitoris était sensible, ça c'était évident ; qu'il mène à l'extase, j'en étais moins sûre. Mais je me suis acharnée quand même : j'avais lu qu'il fallait se montrer patiente et déterminée. Les hommes doivent-ils, eux aussi, faire preuve de telles qualités morales pour découvrir le plaisir ? Pourquoi non ?

J'avais entendu aussi que, l'orgasme approchant, il était normal de ressentir une sensation proche de l'envie d'uriner. La réalité se révèle un peu différente : si j'exaspère suffisamment son clitoris, il peut finir par uriner.

C'est étonnant, voire incommodant – mais surtout, *est-ce normal ?* Je me renseigne ; me confronte à l'ignorance. Internet évoque les femmes « fontaines », et m'assure que le liquide n'a rien, mais alors vraiment rien à voir avec de l'urine. Je sais pourtant reconnaître l'odeur de l'urine, merci. J'interroge des gynécologues, qui parlent aussi des fontaines. Je demande s'il s'agit d'urine ; oui et non, peut-être ou peut-être pas. On me suggère que son périnée n'est pas suffisamment musclé. N'importe quoi : son périnée, comme la plupart de ses muscles, est ferme et puissant. Il a des défauts, je suis bien placée pour le savoir, mais non, il n'est pas incontinent. Je me souviens de la phrase de Sara, malicieuse dans son indignation : « On sait rien du corps des femmes, on connaît mieux l'univers que la chatte… »

Quelques années plus tard, avec un bel amant de passage, je lui découvre une autre façon de couler. Raphaël a deux doigts profondément ancrés dans son vagin, il les recourbe vers le haut, et les agite comme un forcené – regard concentré, biceps bandé. Je suis bien incapable de voir par où s'échappe le liquide : son bassin se soulève et s'effondre, ses jambes s'agitent. Mais, dans cette configuration, sa vulve ne se contente pas de s'écouler : elle gicle, arrose Raphaël jusqu'à l'épaule. Et cette fois, ni couleur ni odeur – une vague émanation pâtissière. S'agit-il du même phénomène ?

Reprise des recherches. J'apprends dans un livre que de nombreuses cultures passées ont loué les bienfaits de l'éjaculat féminin, qu'il était même honteux de ne pas faire gicler sa partenaire, et que le phénomène n'a rien d'une spécificité anatomique mais que toutes les femmes en sont capables. Il n'y a pas de femmes fontaines, il n'y a que des femmes. Bon. J'apprends aussi que le liquide chemine par la vessie puis par l'urètre : si la vessie est pleine, il sera mêlé à l'urine, si elle est vide, il sera moins odorant.

J'interroge les amies, les amants, Romain. Seule ou avec un homme, j'explore. Je comprends que l'orgasme ne s'accompagne pas nécessairement de l'éjaculation – elle peut l'achever, plutôt. Je compare les odeurs, plus ou moins fortes ; mais si je laisse sécher, l'odeur d'urine finit toujours par apparaître.

Note pour lui-même : il est préférable de se vider la vessie avant de se faire jouir.

Lipodystrophie superficielle

Tout juste trente ans d'existence et tu laisses déjà t'échapper ce qui faisait ta valeur. Que va-t-il nous rester ? Où sont passées la fermeté et la souplesse de ta peau ? Où est passé ton maintien ? Sais-tu que tu te tiens si droit que la plupart des gens m'imaginent plus grande que tu ne l'es ? Pour moi, tu es petit, tu es fragile.

Tes fesses s'affaissent. Il y a pire, hein ? C'est un problème d'enfant gâtée.

Là où tu restais ferme, tu défailles. Tu laisses ta peau s'orner de fines ridules, de creux minuscules. Et c'est un drame ; regarde, tes yeux s'embrument. Pourquoi m'offrir un privilège pour me le retirer si vite ? Tu m'as fait croire que le temps n'aurait pas d'emprise sur toi, tu as été jeune. Va-t-on passer le temps qu'il nous reste à nous remercier de ce que nous avons été l'un pour l'autre et à fermer les yeux sur ce qu'on devient ?

Où est passée la complicité qui, l'un comme l'autre, nous rendait libres ? Je décide d'arrêter de fumer, je surveille ton alimentation, je t'accorde scrupuleusement les nombreuses heures de sommeil dont tu as besoin – quelle marmotte tu es ! Je t'emmène tous les étés au bord de la Méditerranée, je te permets de t'y couler dans la chaleur, je laisse ta peau brunir et tes cheveux s'éclaircir, je te fais nager dans l'eau tiède et claire que tu adores. C'est comme ça que tu me remercies, en te laissant traverser par le temps ? Comprends-tu que j'ai besoin de ta beauté, pour t'exhiber si facilement ?

Des années déjà que je vois lentement s'affaisser ton feu formidable cul. Ta peau lisse, qui enserrait fermement tes muscles puissants, se relâche. Il paraît que c'est inéluctable. Elle se marque, devient irrégulière. De minuscules crevasses envahissent le bas de tes fesses et le haut de tes cuisses. Tu as de la cellulite. Imagines-tu seulement ce que peut signifier la disparition de ce cul d'adolescente ? Sais-tu ce que ces fesses m'ont valu d'attention, de compliments, de jalousie ?

Tu es arrivé au monde à l'époque de la beauté squelettique : la toute jeune Kate Moss exposait ses joues creusées et ses côtes apparentes. Les rondeurs de l'enfance effacées, c'est l'allure que tu as prise. Tu as laissé tes os saillants redessiner tes contours. Et ma nervosité ne t'a pas laissé l'occasion d'arrondir tes angles ; j'ai adoré ta minceur. Mais à peine avais-tu fini de grandir que les filles Kardashian-Jenner commençaient à imposer leur modèle esthétique. Tu as alors laissé tes fesses s'arrondir. Comme une éponge, tu t'es montré perméable à ce que je croyais ne pas voir, ne pas entendre, ne pas vouloir. Mais quelle fermeté, quelle tonicité tu balançais derrière toi ! J'ai porté tes fesses avec une telle fierté. Bombées, indifférentes aux lois pourtant infaillibles de la gravité, fermes et dessinées – quelle bénédiction ! Je tenais mon premier attribut féminin ; et ça m'amusait beaucoup. Tu ne me demandais aucun effort pour te couler dans les normes les plus régressives ; elle est là, ton indécence.

Mais je ne te vois pas seulement t'éloigner, en vieillissant, des normes esthétiques pédophiles – pourquoi diable devrais-tu, à ton âge, ressembler à un corps de petite fille ? J'ai surtout l'impression de perdre le contrôle sur toi.

Si tu as laissé s'enfuir ta beauté juvénile, qui est celui que je regarde dans le miroir ? Sais-tu la chance que nous avons eue, toi et moi, que tu correspondes si bien aux normes arbitraires et changeantes de la beauté contemporaine ? Je savais ce que tu valais, sur le marché. Sur le marché de la séduction, sur le marché de l'amour, sur le marché du pouvoir. Tu étais beau. Beau à poser nu, à t'afficher sur Instagram – et sans retouches ! Tu changes trop vite, beaucoup trop vite.

Tu te soustrais au regard de vieil homme lubrique que je posais sur toi : tu n'es plus assez beau, plus assez jeune, plus assez tonique. Tu n'es plus docile. Tu n'es plus soumis.

Je t'en veux mais je n'ai que toi. Il n'y a qu'en tes yeux que je peux reconnaître le regard brun et mélancolique de mon père, que sur la ligne de ta mâchoire que je peux suivre la finesse du visage de ma mère. C'est par toi que je peux effleurer le corps des amies, enlacer ceux des amants, être auprès de ceux des parents. Je sais ce qu'il en coûte de me fâcher avec toi – l'insoutenable.

Corps perdu

Existe-t-il encore, le corps de Julien, s'il n'est plus près de moi ? Continue-t-il à savonner deux fois ses aisselles, pour les défaire de leur odeur ? Porte-t-il toujours tous les soirs son pantalon de pyjama tout mou et tout doux, celui qu'il ne lave jamais, celui qu'il est si facile de tirer vers le bas pour embrasser ou mordre ses fesses ?

La peau de son visage est-elle toujours aussi douce, si mes lèvres ne s'y déposent plus par rafales ? Quand ses yeux se ferment-ils, si ce n'est plus quand mon visage s'approche tout près du sien et que ma bouche vient s'écraser sur l'une de ses paupières ? Et son dos, auquel je m'agrippais toutes les nuits en échange de quelques baisers entre les omoplates, où est-il ? Est-il soulagé de ne plus avoir à décliner mes propositions de faire péter ses boutons ?

Il est où, ce corps, s'il n'est pas, comme il l'a si souvent été, allongé dans mon lit pendant que je travaille ? Dort-il toujours l'après-midi ? Gémit-il toujours d'aise quand il s'allonge, ou le faisait-il pour moi ?

Pleure-t-il d'être loin de moi ? Où vont ses larmes, si mes pouces ne les écrasent plus contre ses joues ?

Qui lui presse une orange le matin ? Qui lui concocte une potion magique au miel et aux huiles essentielles quand il est enrhumé ? Qui l'embrasse quand il est triste ? Qui le contient quand il est angoissé, quand sa respiration se désordonne et que ses pensées le rendent malade ? Qui lui demande d'être prudent quand il monte sur son vélo ? Qui s'amuse de ses pets ? Qui s'indigne de ses rots ?

Est-il plus serein, loin de ma coquille qui se referme à la moindre occasion ? Loin de mes indisponibilités, de mes impossibilités, de mes silences ? Est-il plus désiré, enfin ?

Tripes et boyaux

Je vomis peu ; et je me souviens, avec l'obsessionnelle précision induite par la phobie, de chacune des fois où la chose m'est arrivée. Je reconnais entre mille le malaise annonciateur de la démission de l'estomac. Le cœur qui s'agite, la peau humide de sueur, les molaires baignées dans une salive trop épaisse, le sang qui quitte le visage et les mains pour enflammer les intestins, la douleur – et surtout la terreur. Impossible de fuir, de changer le cours des événements. L'estomac va se contracter du plus éprouvant de ses spasmes, le diaphragme et les muscles abdominaux, contraints et forcés, se raidir de douleur. Le cardia, entre l'œsophage et l'estomac, va s'ouvrir, et le liquide gastrique, brûlant tout sur son passage, violemment remonter vers la bouche, par où son goût immonde m'envahira tout entier. Rien de plus odieux que ce goût, et le bruit inhumain que le fond de ma gorge laissera échapper en convulsant. Je préférerais être mort.

C'est dans le cerveau qu'un centre nerveux commande les vomissements. Il peut être stimulé par les informations provenant du tube digestif, si j'ai ingurgité quelque chose qu'il ne fallait pas, ou de l'oreille interne, si la route ou la mer me rendent malade. Mais il peut aussi se laisser perturber par certaines perceptions, images ou odeurs ; ou par lui-même, pensées ou émotions. C'est l'un des réflexes protecteurs de mon espèce, paraît-il : les estomacs se vident par précaution avant que ce qui y a pénétré n'empoisonne les corps. Mais je n'ai pas besoin de cet automatisme mortifère moi, je n'en veux pas, j'ai trop peur. Je n'avale jamais un aliment si je ne suis pas certain de pouvoir le digérer : je scrute, je renifle, j'évite la nouveauté. J'évalue avec justesse la quantité d'alcool que je peux absorber sans m'y noyer.

Au réflexe de mon espèce s'est ajouté le mien : je lutte. C'est douloureux, mais tout plutôt que cette abominable révulsion. Je ne peux pas laisser faire. Il faudrait vomir, *ce n'est rien et on se sent mieux après* – n'importe quoi. En dépit du bon sens, je verrouille les molaires les unes contre les autres, je maintiens les muscles immobiles, j'alourdis les organes. Ils ne se retourneront pas. Je ne veux pas mourir.

C'est mon réflexe le plus terrible. Suis-je à ce point hanté par la mémoire de mes ancêtres ? Tout juste bipède, sans écriture et sans histoire, un congénère malade annonce le risque de la contagion, ou l'inéluctable danger d'un repas commun avarié. Les vomissements, même ceux des autres, présagent la mort. Il faut fuir, abandonner l'autre à ses entrailles révulsées, et se préparer seul à la dislocation. C'est pour ça, alors, que je crains si fort d'assister à une régurgitation ? L'inquiétude s'éveille même dans l'ensemble des situations susceptibles de m'y confronter. La simple évocation du vomi me ceinture d'effroi. Dans l'avion, les soirées arrosées, le métro quand la chaleur s'y fait insoutenable, bien avant d'entendre l'ignoble bruit du liquide qui s'écrase par terre : je surveille. Au moindre mouvement suspect, à la moindre expression douteuse, la tête se détourne, la mâchoire se crispe – je suis prêt à fuir. Je ne peux pas voir ça.

Et on voudrait nous faire croire à l'inconscient ? Mais l'inconscient, c'est moi ! Ce que j'ai vu, ce que j'ai compris – si elle savait…

J'avais trois ans, peut-être quatre. Je ne me souviens pas de ses mots, de ses pleurs ou de sa tristesse, mais maman venait d'apprendre la mort brutale de son père. En venant me chercher à la maternelle, sûrement malade de chagrin, elle a vomi dans la cour. Le vomi, c'est la mort.

Alors forcément le vomi, c'est la fin de mon courage. Je connais ma finitude, et celle des autres : les rides se creusent, les articulations se raidissent, et les maladies achèvent. Mais je l'oublie, la finitude, pour manger, pour rire, pour aimer – il le faut. Je la refuse même, pour me soigner. C'est tout simplement insupportable que la nausée me la rappelle, m'y confronte si crûment.

Rien dans le corps

Sur ta langue, dix mille bourgeons du goût. C'est probablement une approximation : avec les grands nombres comme ça, on n'est plus au bourgeon du goût près. Sur ta langue, à peu près dix mille bourgeons du goût, donc.

Pourtant, tu en fais si peu usage. Tu les méprises, même.

Tu veux goûter ? Les autres proposent, déposent un petit bout de quelque chose sur le bord de l'assiette. Il n'y aurait qu'à picorer, une demi-bouchée, juste pour essayer. Ta gorge se serre et tes sourcils se froncent. Tu ne veux pas essayer, tu n'es pas curieux.

Toujours les mêmes plats, toujours les mêmes aliments : tu n'aimes pas la surprise. Tu n'es pas gourmet, de toute façon. La grande cuisine ne t'émeut pas. La cuisine tout court ne t'émeut pas non plus, d'ailleurs. Ce qui t'appelle, toi, c'est le sucre, le gras – la facilité. Le reste du temps, tu recherches les saveurs les plus discrètes : tu aimes le concombre, la pastèque, les courgettes. Tu aimes l'aqueux, l'effacé, le presque-rien. Tu évites soigneusement le piment, les épices, l'ail et l'oignon, tu préfères le thé vert au noir. Tu n'aimes pas le mélange, le sucré-salé te rebute ; les aliments se laissent mieux apprivoiser un par un.

Tu voudrais me faire croire que les goûts prononcés bousculent l'infinie délicatesse de tes sens, hein ? Tu aimes pourtant les saveurs amples, tu aimes la viande, le vin, le café. Où est-elle, ta délicatesse, quand tu te délectes d'une bière brune ou de tabac brun ?

Ta langue est-elle aussi grossière que ton oreille interne ? Manques-tu simplement d'éducation gustative, comme d'éducation musicale, incapable de distinguer les instruments les uns des autres ou d'identifier la hauteur de la moindre note comme d'apprécier l'équilibre supposé du canard et de l'orange, de l'endive et de la pomme, de l'agneau et des abricots ?

Au fond ce n'est pas ta faute. Comment pourrais-tu aimer manger ? Les obligations qui t'incombent – minceur, pureté, mesure – t'ont arraché un à un les bourgeons du goût. Dix mille, ce n'est pas tant que ça, finalement.

Ce n'est sûrement pas rattrapable. Quand tu es seul, sans ces corps qui dévorent ensemble – rituel social –, tu préfères les textures liquides. Tu préfères boire les fruits et les légumes que croquer dans leurs chairs. Tu n'aimes pas mâcher, tu n'apprécies pas les textures des aliments contre tes muqueuses. Le consistant t'agresse.

Tu ne dois pas seulement rester très mince à tout prix, tu dois aussi manger équilibré, sans produits chimiques, sans OGM, sans conservateurs, sans rien du tout. Ni anorexique ni orthorexique, il te semble tout de même plus prudent de te contenter d'un demi-concombre issu de l'agriculture biologique pour le dîner. Sans sel, sans vinaigrette, sans rien.

Je comprends, mais tu n'es pas seulement destiné à la minceur et à la pureté : tu dois aussi vivre. En quelques heures à peine, tu cries à nouveau famine. Et c'est normal ; avais-tu oublié, devant ton concombre à l'eau, que tu avais des muscles à alimenter, un cerveau avide de sucres ?

Trente ans que je t'habite – bon gré mal gré – et j'ai toujours les plus grandes difficultés à entendre ta faim. Pendant des heures et des heures, tu ne dis rien, rien du tout, tu n'as envie de rien, rien du tout. Puis tout à coup, comme si j'avais l'habitude de te refuser la subsistance, tu t'emballes. Je ne sais pas comment les autres expriment la faim, c'est vrai. Mais toi, vraiment…

J'ai mis des années à comprendre. La faim te rend nauséeux. Or, la nausée me donne plutôt envie de te tenir à distance des aliments – logique, non ?

Et puis pourquoi, alors que ton appétit se manifeste en toute quiétude, par un léger creux dans ton ventre, le transformes-tu en nausée au moindre effluve de nourriture ? Tu ingères la plupart de tes repas le cœur au bord des lèvres. Forcément, ce n'est pas très agréable.

Tu voudrais ne pas avoir à manger. Et j'avoue que moi aussi, j'aimerais que tu n'aies pas à manger. Il passe lentement, le temps que je dois consacrer à te nourrir, le temps où tu te nourris. Il m'ennuie, et tu n'en tires presque aucun plaisir.

Mais je dois quand même te rappeler, inlassablement, qu'il faut manger. Plusieurs fois par jour. Qu'il faut commencer à se nourrir avant que la faim ne devienne souffrance : tes mains qui tremblent, ta vue qui se trouble, ta nausée qui prend toute la place. Ce serait plus simple si tu m'aidais un peu, c'est vrai. Mais je comprends : ce n'est pas rien d'ingérer, de déglutir, de digérer, d'absorber. Tout ce dehors, toutes ces odeurs, saveurs, températures, textures, qui te pénètrent, qui deviennent toi. Ce n'est pas rien, d'incorporer.

Follicule pileux

Il m'a offert un cadeau. Des cheveux épais, solides, souples. Très beaux. Des cheveux faciles à porter longs, faciles à soigner, à démêler. Un véritable trophée de féminité.

Je les porte longs – très légèrement plus longs qu'il ne le faudrait pour ne pas se faire remarquer. Je n'aime pas vraiment qu'il se fasse remarquer, d'habitude, mais ce serait dommage de ne pas profiter de son avantage capillaire. Lâchés sur son dos ou rassemblés en un épais chignon sur sa tête, ses cheveux suscitent l'admiration. On me fait remarquer leur couleur, leur douceur, leur longueur ; on salue l'exécution de la coiffure.

Je soigne ses cheveux avec toute l'attention qu'ils méritent. Je les enduis de henné, pour les fortifier et encourager leurs reflets, je les badigeonne d'huile de coco pour les adoucir. Je leur évite toutes les agressions – jamais je ne les colore, ne les sèche, ne les lisse ni ne les boucle.

En échange, ses cheveux ne nous offrent pas, ni à lui ni à moi, le seul apparat de leur allure. Ils l'habillent, d'abord ; grâce à eux il n'est jamais nu. Le vêtement ôté, ce sont eux qui prennent le relais pour caresser ses épaules, son dos et le haut de ses fesses. Nu face au miroir, il sera toujours orné, enveloppé dans leur couleur qui contraste, l'hiver, avec la blancheur de sa peau. Grâce à eux, il contourne le vertige de la nudité.

Ils habillent même son visage, puisque je les laisse reposer sur son front. Ils corrigent sa forme un peu allongée, se fondent dans ses sourcils pour atténuer leur noirceur, surlignent le brun de ses yeux. Ils protègent son visage, l'empêchent d'être entièrement livré aux regards. Ils sont armure.

Ils le caressent, le chatouillent, le bercent – le préservent de la solitude. Bien sûr, ils lui tiennent parfois trop chaud, ou l'incommodent en s'emmêlant dans un bijou, en se coinçant sous l'anse d'un sac ou dans une fermeture Éclair.

Mais si je juge ses épaules trop musclées, ils se jettent autour d'elles – la féminité est sauve. Quand je dois être rassurée, ils offrent leur douceur à la pulpe de ses doigts. Et dès que je cherche une contenance, ils exigent d'être recoiffés pour occuper ses mains.

Ils indiquent, à moindres frais, ma liberté. Jamais je ne mettrai ses pieds ni dans un pays ni dans un lieu qui exigerait de moi que je les recouvre. Jamais.

Le follicule pileux, qu'il a très efficace, est le lieu, sous son épiderme, dans lequel il transforme la kératine en phanères, c'est-à-dire en cheveux – ou en poils. C'est là que le cadeau s'empoisonne, bien sûr. Pourquoi les seuls follicules pileux performants seraient-ils ceux de la peau de son crâne ? Ils sont tous aussi dynamiques, et transforment la kératine en poils à un rythme industriel.

Il est recouvert, depuis le début de l'adolescence, de nombreux, épais et longs poils noirs. Car la superbe couleur de ses cheveux, ce brun auburn aux reflets roux, il ne l'offre pas ailleurs que sur son crâne. Non, les autres poils sont d'un noir vif, profond, brillant. Des poils qui, eux aussi, contrastent avec la blancheur de sa peau.

Son destin est de se les faire minutieusement arracher, de laisser s'ouvrir l'épiderme pour en laisser s'échapper le bulbe, de réparer les irritations et les petites blessures que provoquent la chaleur de la cire ou le contact de l'épilateur électrique. Mon destin est d'y consacrer de l'attention, du temps et de l'argent. De ne pas le trouver beau dans la fourrure qu'il ne cesse de se reconstituer.

Corps médicalisé et esthétisé, corps de femme : je traque le moindre de ses écarts pileux. Je lui applique, bornée et sans bienveillance, les normes du normal et de l'anormal. La pilosité des jambes, des aisselles et du pubis : normale, bien qu'à faire disparaître. Mais les quelques poils sur ses phalanges proximales, autour de ses tétons, sur son menton ? Anormaux. Et son maudit patron sagittal, qui relie d'un trait duveteux le nombril au pubis ? Aussi disgracieux qu'*anormal* – rien de tel chez les femmes des publicités, des films ou des réseaux sociaux. Le duvet brun qui recouvre ses joues et ses fesses, sa moustache, l'épaisse touffe qui entoure son anus et s'échappe d'entre ses fesses ? Anormaux.

Or de l'anormal au pathologique, il n'y a qu'un poil. L'hypertrichose et l'hirsutisme sont des pathologies. La première désigne l'augmentation généralisée de la pilosité. La seconde, chez les femmes uniquement, le développement d'une pilosité foncée et épaisse dans des zones considérées comme masculines. Les zones masculines ? La moustache, l'intérieur des cuisses, les épaules ou le dos.

Autant de zones dont j'ai dénoncé la pilosité, adolescente, à un médecin peu scrupuleux. C'est lui qui a parlé d'hirsutisme, et qui l'a mis sous traitement hormonal. Que de nombreuses femmes accusent au moins du duvet sur ces zones ? Peu importe, le disgracieux rejoint le pathologique, et voilà une raison de plus de prendre des pilules – ou la pilule, tout simplement. Je n'ai aucun souvenir, par ailleurs, d'avoir constaté la moindre diminution de sa pilosité.

Je sais désormais qu'il ne souffre d'aucune pathologie. Il a simplement la peau claire, le poil foncé, et le follicule pileux énervé. Lui en vouloir ? Il faudrait supposer qu'il soit en mesure de savoir que la pilosité n'est pas de bon ton pour un corps de femme. Et comment pourrait-il le savoir ? Ses poils pubiens protègent sa vulve des intrusions, des frottements. Les poils de ses aisselles absorbent l'humidité. Ses sourcils protègent les yeux de la transpiration qui risquerait de se glisser en eux. Les poils de ses jambes et de ses bras protègent sa peau du frottement des vêtements – peut-être la protégeraient-ils même du soleil ?

Sous la peau, chacun de ses poils est accompagné d'un minuscule nerf, et d'un minuscule muscle. Le nerf lui permet de sentir les contacts, même quand la peau n'est pas touchée, et le muscle s'active quand, de froid, de peur ou de plaisir, ses poils se dressent sur sa peau.

Certains de ses poils – dont ses sourcils et ses cils – l'habillent autant que ses cheveux. Loin d'être seulement fonctionnels, ses poils pubiens équilibrent sa silhouette, entourent sa vulve d'un cocon réconfortant. Mais pourquoi ont-ils cette tendance à s'échapper des culottes et des maillots de bain ?

Je sais l'injustice de ma traque. Il n'y peut rien, lui, si le poil c'est la virilité, la puissance, l'autorité chez eux, mais le relâchement, la saleté et l'indisponibilité sexuelle chez lui. Il n'y peut rien, si le poil c'est la sauvagerie, et le lisse, la civilisation.

Tout de même, sa vulve nécessitait-elle une telle armure ? Il n'a que deux yeux à protéger de la sueur du front – pourquoi les sourcils cherchent-ils à se rejoindre, alors ? Et le duvet qui recouvre ses joues – à quoi sert-il ? Les deux ou trois longs poils qui repoussent inlassablement autour de ses tétons, ont-ils un autre but que de m'énerver, franchement ? Et les quelques intrus qui s'invitent sur les phalanges des doigts et des orteils ? Le duvet brun qui s'échappe du nombril pour rejoindre le pubis ? Le duvet qui recouvre ses fesses ? ! Et ce duvet, le pire de tous, celui que tout le monde peut voir, que personne ne voit mais qui m'obsède, cet affreux duvet qui rehausse sa lèvre supérieure ? !

Il y a un petit secret que pour rien au monde je ne partagerais avec lui. Depuis que je regarde la densité de sa pilosité comme le signe de son inépuisable énergie, j'ai de la tendresse pour elle. Ses poils sont comme ses cheveux, épais et résistants, ils poussent à une vitesse effarante ; ils m'impressionnent, en fait. Je vais continuer à les lui arracher, bien sûr. Mais quand même.

Corps médical

Romain a des pouvoirs qu'il ne soupçonne pas. Il n'est pas seulement un savant ; en dehors de nos questions les plus triviales, il doit faire des recherches, raviver ses connaissances, avant de nous répondre. Il n'est pas non plus un expert, puisqu'il n'est pas spécialiste mais généraliste. Il est bien plus que ça : il est soignant. C'est-à-dire chaman, sorcier, mage ou marabout – en tout cas, thaumaturge.

Étonnant, tout de même, que le propre d'un bon médecin soit d'être un peu magicien. Et ami, attentif, rassurant, avec qui on partage quelques valeurs et visions – l'idée que la santé ne repose pas seulement sur le fonctionnement normal de chacun de nos organes mais sur la possibilité d'un bien-être total, peut-être même d'un épanouissement. Jamais l'un de nos maux n'a été balayé d'indifférence.

Voilà qui nous soigne : un ami magicien. Magicien parce que, dans l'exercice de ses fonctions, Romain déploie des prodiges. Il a ses formules. Il suffit qu'il dise « je ne suis pas inquiet » pour que notre inquiétude s'envole. Ou qu'il pose ses mains sur notre ventre. Ce qu'il croit faire, c'est palper quelque organe, vérifier que nos douleurs ne sont pas le signe d'une pathologie grave. Ce qu'il fait réellement, c'est nous faire nous sentir pris en charge. Et c'est presque immédiat : notre ventre, enfin considéré, se dénoue déjà un peu.

Aussi bénignes soient-elles, les maladies et petites affections nous fatiguent. Notre vigilance se fait moins efficace ; nous pouvons nous en remettre à la sienne. Romain traque, notre voix un peu plus rauque que d'habitude, nos cernes plus creusés, notre peau plus diaphane. Jamais il n'évoque à voix haute ce que nous ne voulons pas formuler, n'évoque à nouveau une confidence échappée de notre bouche par épuisement.

Le corps tendu vers nous, toujours à l'écoute, à l'affût. D'habitude si désagréables et intrusifs, même les tests antigéniques se laissent passer. Concentré aussi fort que s'il pratiquait une ponction lombaire, regard attentif et sourcils froncés, Romain sait que la manipulation n'est pas périlleuse, qu'il ne risque pas de nous blesser. Il veut seulement nous incommoder le moins possible ; il y parvient.

Il nous écoute, quoi qu'on dise, qu'importe le degré de naïveté de la question posée. Les quelques jours qui précèdent un rendez-vous avec lui deviennent l'occasion de nous énumérer nos petites préoccupations, nos quelques symptômes ou sensations inhabituelles, nos questions. La disponibilité de son oreille transforme les rendez-vous avec lui en rendez-vous avec nous-mêmes. Ce que nous lui apportons, pour nous en décharger, ce sont les résultats de cette petite délibération plus ou moins sereine.

Il demande toujours, à la fin d'une consultation, si *à part ça, tout va bien* ? Quitte ou double. Soit tout va bien, large sourire, *merci et quand est-ce qu'on va boire un coup* ? Soit ce sont les larmes, parce que la fatigue, parce que la précarité, parce que les amours ne sont pas éternelles, parce que les parents vieillissent, parce que parce que parce que. Ne pas se laisser impressionner par les maladies et les organes est une chose, ne pas se laisser impressionner par les larmes en est une autre ; Romain encaisse.

Quand, l'été, il doit nous palper la gorge ou les seins, il s'excuse par avance de sentir peut-être la transpiration. Comme si cet organisme de respect et d'écoute pouvait jamais devenir incommodant.

Corps bilieux

Pour le dire vite, chacun de tes organes serait le siège d'une de mes émotions : ton cœur de ma joie, ta rate l'agitation de mes pensées, tes reins ma peur, tes poumons ma tristesse. Et ton foie ma colère. Mais ceux qui savent tout mieux que toi savent que tout ceci est désormais scientifiquement dépassé. Qu'ils viennent la boire, ta bile brûlante, dégueulasse, la bile jaune qui vient de ton foie et qui me met en colère.

Tu n'es plus que ton foie, tu te laisses bouffer tout entier par ton propre organe comme un vieux cadavre par un charognard. En moyenne vingt-huit centimètres de large, seize de haut et huit d'épaisseur. Le tien est sûrement plus petit, en réalité, puisque tu es toujours sous la moyenne. Plus petit, plus léger, tu cours moins vite, moins longtemps, tu es moins fort. Jamais foutu d'être comme les autres, de la fermer cinq minutes et de me laisser vivre.

Tu laisses ton foie grossir, déverser sa bile dans ton sang. Il s'agrandit, tu manques d'espace : ton estomac est obligé de se rétracter, tes intestins se ratatinent sur eux-mêmes. Bien sûr que tu as mal au ventre. Tes abdominaux se verrouillent pour ne pas laisser la peau de ton ventre éclater sous la pression.

Tes bras tout fins tremblent de rage, tes belles mains délicates suent de la bile. Tu n'es même pas capable de contenir ta propre colère, tu vas déborder et te mettre à pleurer. Tu voudrais t'arracher les cheveux, t'enfoncer les doigts dans les yeux, sentir tes ongles les transpercer. Plus tu te retiens plus ton foie se développe. Il repousse tes poumons et ton cœur ; tout le monde se retrouve contraint de se faire tout petit. Il dévore ma joie, mes pensées, ma peur, ma tristesse, il me dévore.

Tu me fais devenir *hystérique,* vipère remplie de venin. Ta langue est une langue de *pute,* qui blesse, se venge, appuie là où ça fait mal. Tout le monde déteste la colère, tu détestes tout le monde. Plus ma colère de femme est risible, plus elle est dépréciée, plus tes yeux s'injectent de bile. Serais-je toujours une pauvre folle hystérique, si tu frappais ? Frappe, pour une fois, au lieu de pleurer. Force-les à t'écouter, jette-leur l'acidité de ta bile au visage au lieu de rester là, avec ton énorme foie d'une tonne, tremblotant comme une gelée dégueulasse au milieu de sa bile couleur crème anglaise périmée. Elle te sort par tous les trous, ta bile visqueuse. Tu n'es plus que cet organe répugnant, bout de viande avarié qui rendrait malade n'importe qui.

Corps du Christ

Il y a des corps comme ça. Qui s'extraient de la masse, qui ne finiront pas à la fosse commune. Des corps de *stars*, de chanteuse, de politique, d'acteur, d'influenceuse, d'artiste. Et l'un de ces corps hors du commun me fascine au-delà du raisonnable. C'est celui d'une *pop star*, d'un chanteur britannique que je n'ose nommer. C'est entre lui et moi, après tout.

Pas seulement *pop star*, pas seulement chanteur, c'est aussi et peut-être surtout un *sex-symbol*. Plusieurs fois élu le plus sexy, le plus beau ou le mieux habillé – d'Angleterre, de sa génération, du monde : j'ai les goûts de mon époque. Grand et musculeux, très tatoué, il a aussi les yeux d'un vert assez rare, je crois, une mâchoire bien dessinée, et un sourire désarmant qui lui prend tout le visage et creuse de multiples fossettes dans ses joues.

Mais le plus important c'est sa façon de se mouvoir, de placer et de déplacer son grand et très beau corps, de tourner son ample cage thoracique, de faire rouler ses épaules. Ses mouvements sont plutôt lents, toujours très vastes. C'est de lui, je crois, que me vient cette façon de tenir mes doigts si écartés les uns des autres. C'est aussi de lui que m'arrive parfois le désir de les habiller de bagues. Comme si je cherchais à lui emprunter un peu de sa présence à lui-même.

Je le regarde très souvent ; tous les jours quand il travaille, tous les deux ou trois jours quand il faut recycler les images de lui, dans l'attente de nouveaux contenus. Mes algorithmes se sont mis au pas : dès que j'ouvre un réseau social c'est sur lui que je tombe, sur son torse, sur ses yeux. Je vois sa peau brunir l'été, ses joues se creuser un peu plus à chaque concert quand une tournée devient trop longue.

Son métier le réclame : il offre son corps. Aux caméras, aux appareils photo, aux fantasmes, aux commentaires, aux mains des fans tendues vers lui, les miennes parmi tant d'autres. Nous sommes nombreuses à vivre sous des posters, mais Internet nous empêche désormais de nous croire seules à connaître tout de lui. Pourtant je vois, moi et moi seule, apparaître parfois sur ce corps que je n'adore qu'à distance, que depuis les images qui se changent en icônes religieuses, qui incitent à l'adoration et au recueillement, les stigmates du sacrifice.

Très entraîné, il peut se déchaîner deux heures sur scène sans en souffrir. C'est un corps de riche, il faut dire. Qui s'offre les services de nutritionnistes, de cuisiniers, de coaches sportifs, de masseurs, et sûrement de professionnels dont j'ignore jusqu'à l'existence même. Ses conditions de vie n'ont rien à voir avec les miennes : nous n'avons pas les mêmes possibilités de nous soigner, de nous mettre en beauté. Ses dents, comme celles de la plupart des êtres médiatiques, sont d'un blanc étincelant. Je me renseigne tous les ans, quand je vais faire détartrer les miennes, sur le coût d'un éventuel blanchiment dentaire. Et je conclus tous les ans la même chose : puisque c'est les dents blanches ou les vacances, les bains de bouche à l'huile de coco suffiront. Son corps est aussi beau et entretenu qu'inaccessible, sans cesse entouré de plusieurs autres, rémunérés pour sa protection.

C'est injuste, socialement inacceptable – mais ma chair est faible. Et le spectacle offert par ma *pop star* pardonne toute la démesure de sa fortune. Car son corps m'appartient. J'y ai un accès presque illimité – et gratuit – par les images de lui qui envahissent Internet dès qu'il a été capturé par un appareil photo ou une caméra. Alors ce corps si riche ne me hérisse pas autant les poils que les corps de riches banquiers – bien moins beaux, mais surtout ni offerts ni désirables.

Son corps d'Alcibiade, dont la beauté me fascine au point de m'émouvoir, bien au-delà du désir. Ce corps correspond comme s'il les avait créées pour lui-même aux normes contemporaines de la beauté masculine. Sur les images de lui, je traque le moindre poil, la moindre ride, la moindre fossette. C'est l'accès que j'ai à l'intimité de son corps, à la certitude qu'il est bel et bien un corps humain, pas un David de marbre. Ce sont ces détails qui me rappellent ce qu'il y a de plus émouvant en lui : il est un vrai corps, pas seulement une image. Sa présence réelle est rare, bien sûr – c'est pourquoi elle est célébrée. Bien trop d'autres corps souhaiteraient côtoyer le sien, bien trop d'autres corps lui veulent du bien. Mais il respire, il digère, il sue.

Ce corps de *sex-symbol* a, à quelques mois près, le même âge que moi. Trente ans. Trente ans et je vois déjà remonter la ligne de ses cheveux et son front s'agrandir. Deux triangles se creusent au-dessus de ses tempes. J'assiste impuissante aux premiers signes de la déchéance de ce corps que je croyais, bien plus que moi, inaltérable. J'ai le souvenir du trait d'esprit prêté à Oscar Wilde, à propos du personnage de Balzac : « La mort de Lucien de Rubempré est le plus grand drame de ma vie. » Loin de moi l'idée de douter de la sincérité des sentiments que peuvent éveiller les personnages de fiction. *Mais tu ne m'enlèveras pas qu'ils n'ont pas de corps, n'est-ce pas ?* Il n'y a rien à faire : le corps du texte n'est pas de chair. Et, sans vouloir enfoncer le couteau dans la plaie, je me demande si Oscar Wilde a dit ça avant ou après avoir été emprisonné parce qu'il avait aimé un homme – corps qui lui était interdit.

Le plus grand drame de ma vie à moi, c'est d'assister à la dégradation du corps de mon sublime Christ. Je profite toujours de son époustouflante beauté, bien sûr, mais je traque désormais sa *hairline* avec angoisse ; une angoisse bien plus étouffante que celle qui me fait contracter les fesses dès que je les croise dans le miroir, pour y voir apparaître les creux qui s'y dessinent.

Avoir du corps

Les narines se dilatent, larges et profondes, voraces : l'air s'engouffre. Je le plie, le dirige vers la gorge. Les clavicules se soulèvent ; plongeoir depuis lequel il se jette dans les poumons. Ils se répandent, poussent sur les côtes. Elles s'ouvrent, s'éloignent les unes des autres. Entre elles, les muscles s'étirent, par-dessus, la peau se tend. Je pousse l'air vers le ventre, ses organes se gorgent : il s'arrondit. À son sommet, le nombril triomphe. Une seconde d'immobilité, et les abdominaux rassemblent fermement les organes dispersés, les côtes se referment sur elles-mêmes, les poumons se vident, les clavicules s'enfoncent – et les narines expulsent. Pranayama, je me déploie.

Debout, solidement ancré dans le sol, mon poids réparti sur toute la longueur des pieds aux orteils déployés. Ariane me rappelle d'allonger la colonne, de relâcher les épaules. Car seul depuis ma tanière, j'écoute la voix souriante d'Ariane.

Elle parle doucement : je l'écoute, je me réponds. Les bras au-dessus de la tête, la colonne ploie vers l'arrière. Les vertèbres s'ajustent, solidement maintenues par les muscles spinaux. Les grands fessiers assurent l'équilibre.

Ariane m'accompagne jusqu'à Adho Mukha Svanasana. Les poignets se souviennent de leur force, les mains de leur stabilité. Les épaules retrouvent l'ouverture dont elles sont capables, le dos s'assouplit, l'arrière des jambes s'étire. C'est la première salutation, Surya Namaskar : les articulations craquent, les muscles se relâchent, les vertèbres retrouvent leur alignement – je me réchauffe, me réorganise.

Ariane m'ajuste, je me retrouve. Je réinvente mon harmonie, entre souplesse et puissance, entre stabilité et mouvement.

L'effort musculaire me fait parfois trembler, l'équilibre est souvent périlleux à trouver. Hanumanasana reste hors de ma portée. Je manque d'entraînement – est-ce vraiment de ma faute ?

Ma souplesse n'est jamais acquise. Quelques semaines sans exercice et je me raidis. Mais elle sourit de mes limites, tendre, se contente de les redécouvrir avec moi.

Pas de destin, pas d'empêchement : si je m'entraîne, je progresse. Aussi simple que ça.

Corps jaune

L'idée selon laquelle un cycle menstruel normal serait de vingt-huit jours n'a rien d'une réalité scientifique. C'est un dogme, voilà tout. Les cycles de la majorité des femmes menstruées en bonne santé varient entre vingt et un et trente-cinq jours.

Loin de nous l'idée d'humilier qui que ce soit, mais ce fameux chiffre est une invention de médecins du début du XXe siècle, qui ont calqué *notre* cycle menstruel sur… le cycle lunaire. (Par ailleurs, un cycle lunaire, c'est vingt-neuf jours et demi.)

Forcément un peu révoltés à l'idée de se voir ainsi réduits à l'astre féminin, nous avons toujours refusé de nous laisser aller à des cycles de vingt-huit jours – aussi bien qu'à des cycles de vingt-neuf jours et demi, d'ailleurs. Enivrés par la possibilité de contredire la médecine – normative, patriarcale, etc. – nous avons explosé les scores. Chez nous les règles, c'est tous les cent jours environ ; mais surtout n'importe quand.

Trois ou quatre fois par an, donc. Et bien sûr, puisque c'est rare, un événement à chaque fois : on réclame d'être félicités pour l'effort. On ne se défait pas si facilement, peut-être pas du tout, des croyances induites par nos éducations selon lesquelles être une femme en bonne santé, c'est avoir ses règles tous les mois.

Seul repère flagrant du cycle menstruel, les règles sont une véritable mue de la paroi intérieure de l'utérus, l'endomètre, rythmée par les ovulations et déclenchée par l'absence de grossesse. L'endomètre se développe et s'épaissit plus ou moins, en fonction des femmes et des cycles, mais aussi de l'activité physique, la fatigue, l'alimentation et moult autres facteurs.

Vous le savez, mais rappelons-le tout de même : le sang des règles n'est pas du sang. Il n'est pas bleu non plus, comme dans les publicités de notre adolescence. C'est un camaïeu : un mélange de sang et de l'épais tissu qui tapissait l'endomètre et qui se désagrège. Le sang des règles comporte des caillots bruns ou noirs, gluants. Il peut être rouge ou brun – car le sang s'oxyde, au fond des culottes, au contact de l'air.

Avant de nous amuser, nos règles réfractaires nous ont inquiétés. Et s'il suffisait de cela, un cycle capricieux, pour faire vaciller notre identité de femme ? Avec les règles comme avec le reste, nous sommes femme, d'accord, mais pas tout à fait. Seins trop menus, musculature trop sèche, fécondité douteuse. Presque femme. Alors nous nous sommes demandé : nos cycles sont-ils très longs, ou la plupart d'entre eux n'ont-ils en réalité pas lieu ? (On ne sait pas, personne ne sait.)

L'imprédictibilité de nos saignements ajoute à la dégradante impression d'incontinence provoquée par les règles. Non seulement nous coulons sans pouvoir nous contenir, mais nous pouvons nous mettre à saigner n'importe quand. Car plus les règles sont rares et irrégulières, plus il devient difficile de reconnaître leurs signes annonciateurs. Quelques crampes abdominales, certes, nos seins légèrement gonflés, notre digestion un peu bousculée. Mais nombre de fois tout cela est arrivé sans qu'advienne la moindre goutte de sang !

Les médecins se sont emparés, bien sûr, de notre écart à la norme. S'en plaignait-on, pourtant ? Pas vraiment : nos saignements ont toujours été brefs, deux ou trois jours, peu abondants, et les douleurs rares. Mais toute déviation à la norme doit être corrigée, n'est-ce pas. À peine quinze ans, pas encore de sexualité : la pilule prescrite – « au moins, elles seront régulières, et vous prendrez un peu de seins au passage ». C'était facile, en fait, de devenir une vraie femme, avec des seins et des règles bien sages ; des hormones de synthèse dans le sang, et une libido en berne, aussi.

La médecine a soupçonné notre poids. Jusqu'à l'approche de nos trente ans, nous avons pesé entre quarante-trois et quarante-cinq kilos tout mouillés, toujours pour le même mètre soixante. (Le mètre soixante c'est pour notre carte d'identité, la réalité est sûrement plus proche du mètre cinquante-neuf ou cinquante-huit.) On sait que, en dessous d'une certaine proportion de cellules graisseuses sous la peau, l'ovulation n'a pas lieu : les femmes se protègent d'une grossesse qu'elles ne pourraient pas assumer dans de bonnes conditions. C'est vrai que nous ne pesions pas bien lourd : se protégeait-on alors d'une grossesse qu'on ne voulait pas porter ?

Nous ne souhaitons toujours pas de grossesse. Pourtant nos seins, nos fesses et nos hanches se sont un peu arrondis : entre quarante-huit et cinquante kilos désormais. Nos règles sont restées capricieuses. Peut-être un peu plus fréquentes tout de même – difficile à dire. C'est une défaillance qu'il faut finir par signaler aux amoureux : il n'est pas certain du tout que nous devenions mère. Par peur d'abord. Mais aussi parce que des cycles si désordonnés compliqueront toute tentative de conception. Et plus les années passent, plus les hommes froncent les sourcils. Nous sommes sûrement aimables, mais quel homme digne de ce nom aimerait une femme pour elle-même, et pas pour le rôle le plus important qui lui incombe, le projet de parentalité qu'elle permettrait de mettre en place ?

Est-ce pour nous rendre plus aimables, alors, que la fréquentation d'un nouveau corps, que la reconnexion à notre sexualité rendent pour un temps nos saignements moins rares ? Sommes-nous à ce point des éponges, pour nous plier ainsi, presque malgré nous, aux désirs muets des hommes ?

Escherichia coli

La cystite est une infection urinaire, tout simplement. Elle serait due, dans quatre-vingt-dix pour cent des cas, à la bactérie *Escherichia coli*. *Escherichia coli* est naturellement présente dans ton tube digestif, c'est-à-dire dans ton colon – ton rectum. Quand elle reste à sa place, bien sage dans ton trou du cul, elle ne pose pas de problème. Elle n'est pas, loin de là, la seule bactérie qui t'habite. C'est lorsqu'elle pénètre dans ton urètre pour rejoindre ta vessie qu'elle se multiplie et provoque l'infection.

Alors maintenant, j'ai deux ou trois questions à te poser. J'ai sûrement l'air un peu vindicative mais je ne t'en veux pas. Tu es un corps de femme, ton urètre est court. Est-il vraiment court ou simplement plus court que ceux de ces messieurs ? Tu as l'habitude : ce qui diffère en toi de leurs corps à eux est défaillance. La comparaison, tu y perds toujours. Ton urètre est *trop* court, donc. C'est facile, pour *Escherichia coli*, d'atteindre ta vessie : le chemin n'est pas long. Tu n'y peux rien.

Je sais que c'est toi qui souffres. C'est toi que l'envie de faire pipi obsède et dérange, c'est toi que ça brûle, que ça démange, que ça incommode, c'est toi qui dois avaler si régulièrement le verre de Flosfomycine au répugnant goût d'orange synthétique. Mais c'est moi qui prends garde à avoir toujours un ou deux sachets de Flosfomycine sous ta main, c'est moi qui te surveille, à la fin de chaque miction, qui m'assure de ne pas reconnaître la sensation annonciatrice.

Le reste, tu n'y peux rien : tu es sujet aux cystites. Tu n'y peux rien, si on m'a répété que ta tendance était liée à ta sexualité. Il serait normal de souffrir de cystites, quand on a une activité sexuelle. Bizarre, quand même, que la sexualité puisse provoquer tant de douleurs et de gêne – pour les femmes. Bizarre, qu'en plus du risque de grossesse et de maladies diverses et variées l'infection urinaire demeure une menace, tapie dans l'ombre de mes désirs et de tes plaisirs.

As-tu à ce point incorporé la vieille morale judéo-chrétienne ? Te reconnais-tu tant dans les empêchements patriarcaux que tu doives te punir de la moindre étreinte, payer le prix du moindre plaisir ? Comment espères-tu que je ne fasse pas le lien, quand je te sens puni du plaisir éprouvé, entre la monnaie de la pièce et ta lascivité ? Comment veux-tu que je protège tes plaisirs si, à la culture qui trouve suspecte ta sexualité de femme, s'ajoute une nature ?

Le nombre d'insanités que j'ai entendues. Que c'était parfaitement normal, d'abord. Comme si j'étais la seule à voir le problème, que ma sexualité soit si souvent suivie d'une sanction. Comme si c'était parfaitement normal, puisqu'il est question de la sexualité d'une femme. *Elle n'espérait quand même pas s'envoyer en l'air sans conséquence ?!*

Quand j'ai insisté, on a mis en question mes jeans moulants. Mais c'est encore de ta faute ça ! Si tu étais moins petit, je te fabriquerais une silhouette élégante avec des pantalons plus larges. Mais du haut de ton mètre soixante, je suis un peu obligée de faire ressortir tes jambes pour ne pas te tasser.

Qu'importe. Te souviens-tu ? La docteure en médecine qui a inculpé les jeans moulants a poursuivi son raisonnement en affirmant que les femmes souffraient moins de cystites au temps béni où elles portaient des jupes. Je n'ai pas eu le temps d'examiner l'argument ; tu as redressé ta colonne, raidi ta nuque. D'un même mouvement tu as croisé tes jambes et tes bras. Tu t'es fermé à la bêtise : tu détestes perdre ton temps.

Je reste très prudente, tous tes sous-vêtements sont en coton. J'évite les strings, d'une part parce que tu n'as plus le cul de tes vingt ans – n'en parlons plus – mais aussi parce que c'est le meilleur moyen de laisser *Escherichia coli* se glisser, le long du fil passé entre tes fentes, de ton anus à ton urètre.

Il faut que tu m'aides sur un point, quand même. Je sais qu'il suffit de faire pipi pour déloger la maudite bactérie de ton urètre, avant qu'elle n'ait le temps de coloniser ta vessie. Ce n'est pas bien difficile. Je bois beaucoup ; et les rares fois où je ne suis pas assez disciplinée, tu me le rappelles. Mais puisque c'est l'activité sexuelle qui présente le risque de faire remonter la bactérie, c'est juste après qu'il faut que tu urines. Ton urètre est court, pour rappel : le temps est compté. Pourquoi alors, imbécile, t'est-il si difficile d'uriner juste après ? Pourquoi faut-il que ta vulve, gonflée et luisante de plaisir, refuse de laisser s'échapper la moindre goutte d'urine ?

•

Corps défendant

C'est injuste, cette charge. C'est injuste et c'est lourd. La contraception, la peur, la désirabilité. Elles pèsent sur mes épaules, sur ma tête, sur mon ventre ; je me recroqueville.

Mais la plus lourde, de loin, c'est la charge mélancolique. Les larmes qui montent parfois, après. Parce que je ne suis plus celle que j'étais avant de m'offrir ; je n'ai jamais voulu être un cadeau, pourtant. Parce que j'ai soudainement perdu de mon mystère, je ne suis plus à conquérir. Parce que l'intimité a été grande et que j'ai l'impression qu'on me l'a volée, en négligeant son importance. Parce qu'on ne m'a pas assez aimée, pas assez désirée.

Le sexe est injuste – qu'y peuvent-ils ? Plus mon désir agonise sous les charges qui m'étouffent, plus ses retours sont ravageurs, pourtant.

Je m'agrippe à mon désir, toute nue et toute belle, mince et musclée, déterminée, solidement suspendue aux normes que je respecte religieusement – Miley Cyrus sur sa boule de démolition. Mon désir détruit tout : le risque des démangeaisons et des odeurs de la mycose, le risque de la brûlure et de l'antibiotique de la cystite, le risque de l'inconfort des irritations.

Mon désir démolit même les risques des maladies – chlamydias et gonorrhées, les plus courantes, les plus facilement transmissibles, pas les plus graves, mais celles que je crains le plus. Mon désir disloque même le risque de la grossesse – le risque que je choisis de prendre, parce que ce n'est pas moi que le retrait indispose.

Mon désir détruit le risque toujours tangible de la violence ou du viol. Il n'est pas fou cependant : c'est quand il faut répondre « oui » à une énième question qu'il s'emballe, quand on s'assure que je veux, que j'ai envie.

Mon désir écrase la révolte d'avoir dû me préparer à être regardée nue. Poils arrachés, minceur conservée, posture travaillée. Je ne suis pas désirable sans effort, et c'est injuste. Mon désir ravage la peur de voir le rapport sexuel modifier une relation ou l'image que je renvoie. Mon désir fracasse la méconnaissance souvent partagée de mes plaisirs. Mon désir fauche la honte de mes fantasmes.

Si je ne peux pas me cambrer sur une boule de démolition, solidement agrippée aux nombreuses normes auxquelles j'accepte de me conformer, je me mets en colère. Et il faudrait en plus que j'aime ça ? Il faudrait que je sois capable, emportée par un désir foudroyant pour un trentenaire mal entretenu, ivre d'impatience d'un rapport sexuel décevant, que j'oublie l'ampleur de ce que je risque, à jouer le jeu de la sexualité ?

Et puis le bleu des yeux d'Étienne, ses lèvres pourpres aux traits réguliers, ses allures de chérubin, son corps immense. Son émotion, quand je lui rappelle de penser à son plaisir.

Corps glorieux

Il y a la luminosité : la rétine se rétracte derrière les lentilles, les yeux se plissent. Je suis nu, lourd, humide et apaisé. Je prends toute la place, étendu sur le dos, au bord de la piscine. Les cigales hurlent toute la journée, les guêpes me tournent autour. Plus ma sueur s'évapore, plus je m'ancre dans les dalles brûlantes. Les poumons soulèvent la cage thoracique avec difficulté : elle pèse une tonne. Je soupire d'aise, m'épuise de plaisir.

Et le soleil, partout, qui m'embrasse le visage, m'enlace le ventre, me mord les épaules. La peau s'épaissit, je brunis. Recouvert de crème, je suis protégé de la morsure ; ne m'arrivent que la pesanteur, la langueur. C'est comme une légère ivresse. Elle ralentit – enfin. Elle se laisse submerger par mes sensations. Chacune de mes respirations la dilate en moi, jusqu'à mes contours, ma peau brûlante.

Des éclats de voix et de rires me parviennent – Adèle, Manon, Anna, Suzanne. Enveloppé de ma sueur, je me redresse. Gorgés d'huile de coco, les cheveux se collent contre les omoplates. D'épaisses gouttes coulent de la nuque vers les reins, le long de la colonne vertébrale. Aveuglé, je ne perçois que des ombres, sur le patio.

Je bois des litres et des litres d'eau, puis je sue et j'urine : je tourne à plein régime. C'est le début de l'après-midi, la chaleur est presque insupportable. Presque. Elle me baigne régulièrement. Je me laisse glisser dans l'eau tiède, je l'absorbe, je plisse les yeux. Le crâne est brûlant, je l'immerge quelques secondes. L'eau de la douche derrière la cabane est plus fraîche que celle de la piscine, que le soleil fait bouillir. Oasis éphémères, les cheveux et le pubis retiendront l'eau un peu plus longtemps que la peau.

Peut-être reste-t-il une part du gâteau au chocolat préparé par Suzanne, peut-être qu'Anna a déjà décapsulé deux ou trois bières ; je me replie vers l'ombre de la terrasse, la fraîcheur de la cuisine. Les yeux peuvent à nouveau s'ouvrir et elles sont là, avec leurs bras, leurs jambes, leurs cheveux, leurs seins, leurs ventres, leurs mains. Ils sont rares, les corps que je peux côtoyer sans me mettre en retrait, parce que je ne suis pas concerné par l'interaction ou pour ne pas encombrer. Pourtant retourner parmi elles ne m'éloigne pas de moi.

Le plus précieux, ici, est de pouvoir leur montrer le plaisir que me procure leur présence. Ce n'est pas elle qui parle, qui distille quelques mots tendres avec pudeur – qu'elle est pudique ! C'est moi, sensuel et généreux, plus aimant qu'elle, qui effleure les bras et les épaules, qui propose un fruit ou un verre d'eau. C'est moi qui vernis les ongles d'Anna, surveille les coups de soleil sur sa peau diaphane. C'est moi qui épile les sourcils déjà parfaitement tracés de Suzanne ; qui démêle, tresse et coupe les cheveux.

Venlafaxine

Il en a fait sa bouée de sauvetage, son compagnon le plus fidèle ; plus fidèle encore que la cigarette. Une dizaine d'années qu'il fait quotidiennement rouler entre ses doigts les comprimés rose saumon – parachute toujours prêt à se déployer autour de lui.

Le Vidal indique que ce médicament, « antidépresseur de la famille des inhibiteurs de la recapture de la sérotonine et de la noradrénaline », « est utilisé dans le traitement des états dépressifs et pour prévenir les récidives dépressives chez les personnes ayant déjà présenté plusieurs épisodes de dépression ».

Bon. La venlafaxine doit être prescrite sur ordonnance, elle est remboursable à soixante-cinq pour cent par la Sécurité sociale et coûte quatre euros et quatre-vingt-huit centimes. Moi, je consomme tous les mois deux boîtes de comprimés à libération prolongée dosés à soixante-quinze milligrammes : il avale tous les jours cent cinquante milligrammes de venlafaxine.

Le médicament peut également être utilisé « dans le traitement de certaines manifestations de l'anxiété (anxiété généralisée, phobie sociale, attaques de panique) ». La première fois qu'il m'a été prescrit, je cumulais dépression, anxiété, phobies et attaques de panique : ça aurait été dommage de se priver.

Déjà si facilement emporté par les nausées, elles lui sont désormais quotidiennes. Mais aux maux de tête et aux nausées s'ajoute, parmi les effets secondaires les plus fréquents de la venlafaxine, la transpiration excessive.

Dix ans qu'il se détrempe. Ses suées sont soudaines et brèves, souvent inattendues, inexplicables. Sans crier gare et en quelques secondes, l'ensemble des pores de sa peau laissent perler une goutte de sueur ; grenouille luisante d'humidité. Soluté incolore et inodore – une éponge qui dégorge, eau et sodium. Dans la rue, sa frange camoufle les gouttes épaisses qui filent se perdre dans ses sourcils. Quelques minutes et le coton qui l'enrobe aura absorbé le petit caprice de ses glandes sudorales. La nuit, je me réveille parfois sur un matelas détrempé ; juste comme ça, sans cauchemar, sans agitation particulière, il a sué tout ce qu'il avait. Comme s'il avait dû, tout à coup, se purger du désespoir et de l'angoisse qu'il n'a plus le loisir d'exprimer.

Et si la venlafaxine les transforme en eau, son désespoir et son angoisse, il me les remémore, obstiné, en laissant son empreinte jaunâtre sur les draps, sous les manches des pulls et des tee-shirts. Sa mélancolie changée en litres et en litres de sueur, que j'ai enfin la possibilité de noyer, par des litres et des litres d'eau et de thé : plus il boit, plus sa sueur ressemble à de l'eau – inoffensive.

Épithélium olfactif

Tu n'es pas félin par la sensualité chaloupée dont j'aimerais que tes mouvements s'accompagnent. Non, tu es félin dans les tripes – insatiable carnassier.

La viande est l'une de nos rares jouissances alimentaires. Bien cuite, toujours. Tu es facilement nauséeux, le sang et la chair trop tendre risqueraient de te retourner l'estomac. Tu es petite chatte domestique plutôt que lionne sauvage. Plus la viande est cuite, moins elle risque de te rendre malade. Je le sais, tu le sens.

Tu caresses les vaches, l'été, sans t'attendrir de croquer parfois dans leur chair. Tu les regardes même dans les yeux – leurs grands yeux vitreux, humides, que les mouches envahissent. J'ai vu les images volées dans les abattoirs. Serais-tu louve affamée, s'il le fallait ? Chasseuse, prédatrice, les crocs prêts à fouiller la fourrure pour y arracher la viande ?

Quelques jours avant tes règles, tu te caricatures. Impossible de faire quoi que ce soit. Impossible de penser. Un tournedos, sauce au poivre. Lionne en chasse – tu l'avalerais même saignant celui-là. Ventre creux, douloureux, bave aux lèvres, regard hagard, léger vertige. Un burger. Tes longues narines dilatées. Un steak haché. Est-ce parce que tu te prépares à en perdre que tu veux de la chair et du sang ? Tu réclames du gras, des protéines – animales. Tu sembles paniqué de laisser tes ressources s'épuiser. Pourtant tu saignes peu, et seulement trois jours.

Alors tu es félin par tes odeurs ; la viande c'est la décomposition. Elle colore les effluves de ta sueur, de ton haleine, de tes selles. Je me souviens de cette femme que j'écoutais parler de son régime alimentaire végétalien et des bienfaits nombreux qu'elle en tirait. Parmi eux, elle évoquait son odeur. Elle expliquait qu'à ne pas consommer de produit d'origine animale sa transpiration était devenue inodore. Elle en était ravie ; c'est très étrange, non ? Cherchait-elle à faire disparaître son corps dans son sillage ? À en effacer les traces olfactives ?

Toi, tu sens le fauve et tant qu'à faire, j'aimerais que tu sois félin aussi par l'odorat. Capable de sentir, comme certains d'entre eux, l'émanation dégagée par chaque corps. Tes narines peu performantes n'identifient les odeurs de ceux qui t'entourent que lorsque tu les côtoies dans la plus grande intimité. Il faut que je te plonge le nez entre deux couilles, que je te le frotte contre une aisselle, pour qu'il perçoive l'ampleur olfactive de ceux que j'aime.

Les autres, les amies, les parents, tu les reconnais à leur parfum, à la fragrance fruitée de leur shampoing ou à celle de leur chez-eux – cette odeur domestique qu'on traîne tous derrière nous.

Corps à corps

Il fait froid et je me glisse, alourdie par les sacs suspendus à mes épaules, à l'intérieur du grand café. À peine le temps de laisser mes doigts s'enrouler sur eux-mêmes à la recherche de la chaleur de mes paumes que je contiens difficilement un sursaut. Une femme est assise au fond, sur la banquette, dos à un grand miroir ; petit visage anguleux au nez aquilin, cheveux longs très bruns, une frange sur son front allongé. Je croise mon reflet dans le miroir au-dessus d'elle : aucun doute, on se ressemble beaucoup. Mes yeux glissent à nouveau vers elle et je croise son regard. Ses lèvres fines se retroussent très légèrement. Les miennes aussi, j'imagine.

Je choisis une place qui la préserve dans mon champ de vision : je veux pouvoir la regarder à loisir, mais le plus discrètement possible. Je m'impose de m'en tenir à quelques coups d'œil furtifs. A-t-elle vu, elle aussi, en croisant mon visage, comme il était semblable au sien ? Nos regards se croisent plusieurs fois. J'ai l'impression qu'on se dévisage, entre complicité et étrangeté. Ce que je veux surtout déterminer, c'est si je la trouve belle.

J'aimerais pouvoir la placer près de moi, en face du grand miroir, et jouer avec elle au jeu des sept différences, prendre le temps de détailler la forme de sa mâchoire, de ses yeux. J'aimerais lui demander de quelles régions viennent ses ancêtres – Italie, Espagne, Iran ? –, voir des photos de ses parents, pour vérifier qu'ils ressemblent aux miens. Je veux faire le tri entre ce qui relève de la nature et de la culture : nos gènes sont-ils proches, ou nous ressemblons-nous comme deux femmes du même âge à la coupe de cheveux similaire ?

Se maquille-t-elle comme moi ? Une poudre foncée pour souligner le creux des joues, une poudre claire pour faire ressortir la hauteur des pommettes ? Évite-t-elle, elle aussi, les fards à paupières foncés, pour ne pas trop noircir ses yeux déjà bruns, ses cils et ses sourcils noirs ?

Je n'aime rien autant que scruter les femmes qui portent un visage semblable au mien. Je détaille cette actrice que les amants évoquent souvent, peut-être pour sa mâchoire bien large, ses regards un peu lascifs. J'examine la chanteuse dont les amies me parlent, sûrement pour la fragilité de ses traits. Les inconnues, dans la rue, évoquent parfois une présentatrice télé. Trois brunes menues, trois visages anguleux – toutes plus vieilles que moi : laquelle me tend le miroir de ma gueule de cinquantenaire ?

Je regarde beaucoup mon visage, pour ne pas me laisser surprendre, dans les miroirs, les vitres des métros et des bus, les rétroviseurs, sur les photos. Mon reflet me rassure – toujours là, toujours prêt à se laisser reconnaître, que je croise mes grands yeux tristes ou un sourire que j'ignorais porter. Je l'aime nu, sans maquillage, roche brute, contours anguleux mais regard chocolat chaud. Je l'aime travaillé, maquillé – fier.

Travail au corps

Ces moments n'appartiennent qu'à nous. Enrouler une serviette autour de nos cheveux humides. Éponger notre peau, mais ne pas la frotter : ça l'assèche. Nous quittons la salle de bains quelques minutes, le temps d'enfiler des vêtements – un jean, un tee-shirt noir ou blanc l'été, un pull noir ou crème l'hiver.

Retour au miroir, à distance d'inspection, la chorégraphie commence. Un sérum pour le contour de nos yeux ; notre peau fine et violacée risque d'y trahir notre âge en premier. Une crème hydratante sur notre visage – le masser vers le haut, pour contrer la gravité.

Notre peau absorbe les produits, nous libérons nos cheveux de la serviette. Surtout ne pas les frotter, ça les abîme. Nous déposons une noisette de crème dans notre paume et renversons notre tête vers l'avant. C'est avec nos doigts que nous démêlons nos cheveux. Les règles capillaires sont strictes : lavage quotidien, mais jamais de chaleur – pas de boucleur, pas de lisseur.

Une fois redressés, retour au visage. C'est quand nous nous maquillons que nous le regardons avec le plus de plaisir. Le maquiller, c'est découvrir nos avantages – pommettes hautes, mâchoire bien dessinée, grands yeux bruns –, transformer nos défaillances – nez aquilin et un peu démesuré, lèvres fines. Nous appliquons un fond de teint en crème, couvrance légère. Nous regardons notre teint s'unifier. Sous nos yeux, deux traits d'anticernes estompés du bout de nos auriculaires. Le nuage violacé reste visible. Nous pouvons tout corriger, tout habiller ; rien effacer.

Une épaisse couche de poudre libre jaune par-dessus l'anticernes, d'un pinceau épais à la forme légèrement triangulaire. Le jaune est censé neutraliser les tons violets. Il faudra bientôt diminuer la quantité : la poudre a de plus en plus tendance à se glisser dans les rides du coin de nos yeux. Gros pinceau et poudre transparente : nous matifions tout le visage, en insistant sur notre nez et notre front, les zones que le sébum risque de faire briller si la journée est un peu longue, s'il fait chaud.

Avec une petite brosse propre, nous nettoyons la poudre qui est venue se loger dans nos sourcils et nos cils : ils retrouvent l'intensité de leur couleur brune. Nous fixons nos sourcils brossés avec un crayon gras transparent. Nous ne sommes plus nus.

Nous n'avons plus qu'à faire durer le plaisir, orner nos cils de plusieurs couches de noir ; les regarder s'allonger, s'épaissir, se noircir. Nous dégainons un coton-tige pour corriger nos maladresses. D'un geste, nous illuminons paupière et coin interne des yeux avec un fard clair : le contraste met le brun de nos yeux en valeur.

Puis la touche finale. Un rouge à lèvres, rouge foncé – c'est ce qui va le mieux aux brunes. Nous appliquons d'abord un baume hydratant sur nos lèvres : si elles s'assèchent, la matière viendra se glisser dans les gerçures. Un aller-retour en haut, un aller-retour en bas. Le travail se termine à l'auriculaire : nous étendons très légèrement la matière au-delà de la limite de nos lèvres, pour augmenter leur volume.

Tout doucement, notre visage change. Notre peau se relâche et s'affine, le violet de nos cernes gagne en profondeur, nos dents jaunissent, nos expressions et nos rires s'ornent de sillons. « Tes rides au coin des yeux, dit l'amoureux, c'est du maquillage gratuit. » Et c'est toujours notre même sourire, ce sourire immense aux lèvres lisses et rouges, toujours nos mêmes yeux qui assistent à la métamorphose.

Corps étranger

Les premiers jours, tu ne laisses (presque) rien paraître. Ton sommeil s'alourdit un peu : tu réclames de t'allonger plus tôt, de rester plus longtemps au lit. Puis ta faim se décuple. Ton estomac se creuse, se crispe autour du vide. Tu m'ordonnes de manger, plus et mieux que d'habitude. Tu m'orientes vers les sucres lents, les fruits et les légumes. Il fait froid et sombre, tu ne veux pas sortir : dehors il y a les gens, le bruit, les odeurs.

Il ne m'en faut pas plus pour deviner ce qu'il t'arrive – je te connais, depuis le temps ! Je t'obéis, tu rassembles tes forces. Tu es déjà en train, presque en silence, comme si tu ne voulais pas déranger, de te défendre. Je te garde au chaud, au calme ; tu frissonnes quand même. Le temps est compté : dans deux ou trois jours tu seras souffrant. Entre un plat de pâtes et une longue nuit de sommeil, je termine en quatrième vitesse les tâches urgentes que je ne veux pas avoir à reporter.

À peine le temps de finir et je peux déjà, si j'y fais bien attention, sentir le fond de ta gorge et de tes narines. Ce n'est pas encore douloureux, simplement inhabituel : je ne peux pas sentir tes muqueuses, d'habitude. Une sorte de sécheresse, de très légère irritation. Comme si l'air que tu respires t'irritait. Je m'en doutais, je le sais désormais : tu vas être malade. C'est l'hiver, il fait froid, tout le monde traîne ses microbes ; tu t'es chopé une petite bêtise – un rhume, une modeste angine, une rhinopharyngite, quelque chose comme ça. Il va falloir te consacrer quelques jours, le temps de te remettre sur pied.

Tu as le nez qui coule, les yeux qui pleurent. Je fais infuser des feuilles séchées de verveine dans de l'eau bouillante. Au fond de la tasse, du miel, pour adoucir ta gorge. J'y ajoute une goutte d'huile essentielle de ravintsara et une goutte de menthe poivrée. Le mélange fait frissonner tes narines de réconfort : c'est l'odeur de ma prévenance. Je vais m'occuper de toi, te laisser tranquille quelques jours.

Je me sens un peu impuissante, toute désolée de ne pouvoir faire plus pour toi. Je me contente de limiter les dégâts. Je vérifie que ta fièvre ne monte pas. Je te fais retenir tes quintes de toux. Je sais qu'elles relèvent du réflexe, tu as quelque chose à évacuer ; mais elles t'irritent trop la gorge, la rendent douloureuse. Je recouvre tes narines de crème hydratante, pour éviter que les frottements des mouchoirs n'abîment trop ta peau.

Tu respires par la bouche, de la salive séchée au coin de tes lèvres. Tes oreilles et ton nez sont bouchés, tes yeux humides, ton cerveau tout embrumé, congestionné. Comme si ta boîte crânienne était entièrement envahie de morve. Tu te soustrais aux goûts, aux odeurs et aux bruits, et je ne peux plus me concentrer sur quoi que ce soit. Je reste au lit, me laisse abrutir par les bêtises qui défilent sur l'écran de mon ordinateur. Je me repose – enfin ; tu guéris.

J'attends que ta morve s'épaississe, se colore un peu – c'est le signe que c'est terminé, que tu as gagné. Je te trouve fort, résilient, efficace ; et tu vas me laisser me concentrer à nouveau ! Encore quelques heures, juste pour toi et moi. Une grande douche bien chaude, de la crème hydratante. Une petite balade – l'air froid ne te fait plus mal aux narines, la peau de ton visage frétille de retrouver les rayons du soleil. Puis un grand ménage : je change les draps dans lesquels tu as sué tes microbes, je jette les millions de mouchoirs humides que tu as éparpillés partout.

Tu as déjà retrouvé tes forces. Pendant quelques jours je me suis autorisée, à ta demande, à ne pas travailler. Personne, à part toi, ne peut interrompre l'activité que je me force à maintenir ; merci de le faire de temps en temps.

Gaba

Je suis censée être programmée pour survivre. Mes sensations m'indiqueraient les directions à suivre. Ce qui me procure du plaisir est bon pour moi – enfiler un pull quand il fait froid, un grand verre d'eau quand j'ai soif, m'endormir quand je suis fatiguée. La douleur ou le dégoût m'indiquent, à l'inverse, ce qu'il faut fuir : les objets brûlants, les aliments à l'odeur de moisissure. Pas compliqué.

Puisque c'est si simple, pourquoi faut-il que je me trompe autant ? ! Comment est-ce possible que rien ne soit meilleur, rien, que la première taffe d'une cigarette ? Comment se fait-il que la première gorgée de Guinness soit si extraordinairement douce qu'elle me fasse croire à la vie après la mort ? Si fumer tue, s'il faut boire avec modération, alors pourquoi en ai-je tant envie ?

Et pourquoi chéris-je tant l'immobilité, l'apathie ? Pourquoi puis-je passer autant d'heures devant un écran à regarder des bêtises, et y prendre plaisir ? Bon sang, pourquoi est-il tout simplement moins plaisant de manger des légumes qu'un burger ? Pourquoi est-il beaucoup plus tentant de se prélasser en terrasse que de courir ?

Soit la nature est mal faite, soit je suis montée à l'envers. C'est toujours la même histoire.

Accroche-toi, le problème est pas mal complexe. Dans mon cerveau, cent milliards de neurones – qui ne m'ont pas permis de saisir toutes les subtilités de leur propre fonctionnement, mais c'est encore un autre sujet. Ces neurones communiquent sans cesse les uns avec les autres par l'intermédiaire de messagers chimiques : ce sont les neurotransmetteurs. Ces neurotransmetteurs, une fois émis par un neurone vers un autre neurone, s'emboîtent dans les récepteurs qui leur correspondent. C'est ainsi que l'information circule et que s'échangent, entre autres, dopamine et sérotonine. La dopamine c'est mon envie, mon désir ; la sérotonine, ma satiété.

Maintenant laisse-moi te présenter un neurotransmetteur particulier. Il s'appelle Gaba. Gaba est un ralentisseur, un inhibiteur : il freine l'envoi de messagers à travers le cerveau. Quand il s'active, c'est pour faire obstacle à la peur, l'agitation ou l'anxiété. Gaba m'apaise, me relaxe. (J'en déduis que Gaba n'est pas, chez moi, le neurotransmetteur le plus dégourdi de la bande.)

Imaginons désormais que je m'installe en terrasse un jour de printemps, qu'on m'y serve une grande Guinness et que j'y allume une cigarette roulée de tabac brun. Voilà que la nicotine augmente ma libération de Gaba, et que l'alcool amplifie ses effets inhibiteurs. Moins de messages s'échangent entre mes neurones : je me détends. Petit champion de l'adaptation – ou sombre imbécile –, mon cerveau modifie son fonctionnement, se reconfigure. Quand tout sera revenu à la normale, que mon sang circulera à nouveau délesté d'alcool et de nicotine, Gaba redeviendra le paresseux que j'ai toujours connu, et mon cerveau s'étonnera de sa soudaine agitation. Mais c'est agréable, l'apaisement : une autre cigarette, une autre gorgée de bière. Me voilà prête à flirter avec la dépendance, physiologique, et l'addiction, aussi psychologique que physiologique.

Les anxiolytiques fonctionnent exactement de la même façon. Leurs molécules se fixent sur les récepteurs du Gaba pour les rendre plus efficaces. Mais ils y parviennent sans faire jaunir les dents ni prendre du bide – c'est tout à leur honneur.

À ce jour, c'est ici que s'arrête ma connaissance. Pour ma défense, les spécialistes reconnaissent eux-mêmes que les mécanismes de la dépendance recèlent encore de nombreux mystères, qu'il reste difficile de déterminer pourquoi certaines personnes se montrent particulièrement promptes à se vautrer dans l'addiction quand d'autres y échappent sans effort.

Si ce n'est pas moi qui ferai davantage avancer la science, je me permets, quand même, d'apporter ma pierre à l'édifice : tout cela ne vaut pas que pour les cigarettes roulées et la Guinness. Il est urgent d'étudier les interactions entre mon neurotransmetteur Gaba et l'odeur de Joseph, les chansons d'Ed Sheeran et les vidéos *true crime*.

Tranxène

Il paraît que ce n'était pas toi le problème. Que c'était le passé, les parents, la sensibilité. On ne me la fait pas. Si ce n'était pas toi le responsable, comment expliques-tu le Tranxène ?

Te souviens-tu des premières fois ? Un comprimé – je crois qu'au début, sur les conseils du vieux psychiatre aux chemises à fleurs, je t'en fourrais même deux dans la bouche ; et ton soulagement, immédiat. Tes muscles, un à un, qui se relâchent, qui cessent de trembler. Ta mâchoire verrouillée qui s'entrouvre enfin. Et, parce que tu as été forcé à déposer les armes, la consolation : mes pensées apaisées, la nausée envolée. J'avais oublié que tu pouvais te tenir tranquille ; toi aussi, sûrement.

Le temps de prendre le pli, trois Tranxène par jour pendant une année. Au réveil, le midi, et avant de s'endormir. Tu as passé une année à dormir. Moi, j'étais incapable de travailler, de me concentrer, de réfléchir. J'ai encore moins de souvenirs de cette année que du reste. Et j'ai peur que tu gardes, toi, le souvenir d'avoir été chimiquement violenté, forcé au calme.

Puis le vieux médecin finit par faire appel à ce que je fais le mieux : oublier. Oublier, c'est-à-dire te laisser prendre le contrôle de ta médication. Le psychiatre suggère simplement de poursuivre le traitement selon la même posologie, mais de te laisser la possibilité d'oublier une prise par-ci par-là, et puis « on verra bien ».

Avec quelle exactitude, quel insoupçonnable talent tu es devenu ton propre prescripteur ! Tu savais exactement de quel comprimé tu pouvais te passer, quelle prise tu pouvais retarder. Personne ne t'a surveillé, et petit à petit, tout seul, sans le moindre flirt avec l'addiction, tu es passé de trois béquilles par jour à une par semaine. Puis une par mois. C'est l'un des plus grands services que tu m'aies jamais rendu.

Le Tranxène est toujours dans les parages, mais tu n'y as presque plus recours. Trois ou quatre fois par an, peut-être. Quand l'angoisse t'attrape sans t'avoir laissé le temps de t'enfuir – ça arrive. Tu acceptes sans scrupule le secours de la chimie : tu n'as rien à gagner à t'abîmer dans l'effroi.

Je t'ai assommé, c'est vrai ; il fallait déjouer la souffrance, tu ne te laissais pas faire. Mais je ne crois pas que ce soit la violence que tu gardes en mémoire. Il n'y a qu'à te voir, aujourd'hui encore, malgré la confiance – celle que tu as reprise en toi, celle que je t'accorde désormais –, t'assurer d'avoir toujours sous la main un comprimé.

Sans que je te le demande, sans que je m'en rende compte, tu plonges ta main au fond d'un sac, tu fouilles jusqu'à sentir la pilule – juste pour savoir, juste pour être sûr. Je discute avec quelqu'un et tu portes ta main près de ton cœur, tu palpes la poche de la veste en jean pour y sentir, au fond, les comprimés. Je prépare un sac pour partir quelques jours, et tu attrapes la petite boîte qui les contient. Tu refuses de t'en séparer.

Comme les lunettes, les bijoux offerts par maman, le téléphone, la gourde bleue, la cigarette électronique, la pince pour tes cheveux. Les gélules de Tranxène sont partout où tu es, font partie de toi : leur présence t'assure que l'angoisse n'est plus insubmersible.

Res extensa

Il y a tant à faire. D'abord réorganiser le nid : déposer dans l'évier la tasse qui traîne sur le bureau, vérifier les tâches du lendemain dans l'agenda et programmer le réveil, brancher le téléphone, fermer les rideaux, remplir une bouteille d'eau et la déposer près du lit. Avec la rigueur et l'exigence des chattes domestiques, je me tourne et me retourne plusieurs fois sur le coin du canapé avant de m'installer.

Il faut ensuite me préparer. Tresser les longs cheveux, pour éviter que les frottements contre l'oreiller ne les abîment. Laver les mains. Brosser les dents – puis passer une minuscule brossette en plastique entre chacune d'elles, pour déloger le tartre. Tic ou rituel, je renifle l'objet avant de le glisser dans la poubelle : l'odeur est aussi désagréable que familière. Démaquiller ou rincer le visage ; eau micellaire, de rose ou de bleuet.

Je m'ordonne, comme j'ai ordonné l'appartement : je me regarde, le visage nu, la frange ébouriffée, les yeux pleins de la journée qui se termine, parfois un peu brillants d'ivresse. Sa vigilance n'est pas encore assoupie. Elle me scrute et me fait déloger quelques poils, sous la ligne artificielle des sourcils, au-dessus de la lèvre supérieure ou sur le menton, et quelques points noirs, sur le nez ou les joues.

Dents lisses et haleine mentholée, mains et visage humides, cheveux tressés. La peau ankylosée de ces accouchements forcés – poils mal placés, points noirs disgracieux. Je retrouve ma nudité, celle dans laquelle je dors été comme hiver. Habitude : je renifle le fond de la culotte. Odeur douce, effluves pâtissiers : chatte apprivoisée, et en bonne santé.

Et je m'allonge enfin. Les jambes légères, les épaules et la tête lourdes. Je me glisse entre le drap et la couverture. Je retrouve les odeurs de mon sommeil, celle de la lessive, qui est aussi celle de maman, celle de ma nudité, transpiration et quelques effluves de produits d'hygiène et de soin ; et parfois celle d'un autre corps. Les clignements des paupières se font déjà plus paresseux.

J'ai le sommeil aussi réparateur que jouissif ; je le prépare et le protège comme la plus précieuse de mes aptitudes. Je le lui confie, ce sommeil que j'aime tant et que je fais si bien. Elle se repose sur lui. Quand la vie la brusque, l'angoisse ou l'effraye, quand elle perd le contrôle de ses pensées, elle le sait : je suis la réponse. Je vais m'endormir, reconstituer mes forces, et lui rendre ses moyens. Les problèmes, les doutes, les désespoirs : elle dort dessus.

Je dors parfois seul, parfois contre le corps d'un homme. J'aime la chorégraphie du sommeil plus que n'importe quelle autre. Je me roule sur le côté. Je pousse l'épaule qui repose sur le matelas vers l'avant, le bras tendu devant moi, ou replié entre les deux oreillers sur lesquels repose la tête. L'articulation de l'épaule est plus confortable étirée. Long soupir. Pour le confort de mes hanches – et pour éviter que les genoux reposent l'un sur l'autre, ce qui est désagréable – je fais reposer la jambe du dessus sur un troisième oreiller, ou sur la cuisse d'un homme, que j'enlace dans le dos. Et pour le confort de l'épaule du dessus, je laisse reposer mon autre bras sur un quatrième oreiller, ou par-dessus un dos aimé. Gémissement d'aise.

Je fais de la place entre les épaules et dans les hanches. J'étire. Long soupir. Ces moments n'appartiennent qu'à moi, et ses souvenirs à elle s'arrêtent là. Les miens se prolongent. Au moment où je plonge dans le sommeil – quelques secondes au plus tard après avoir trouvé ma position – j'ai parfois un sursaut. Une jambe ou un bras se contracte vivement. C'est que les muscles s'apaisent, parfois un peu trop brusquement – je vérifie les connexions. Je m'assure qu'aucune dislocation n'est en cours, je force la détente.

Je dors où je veux, quand je veux. Dans la voiture, dans le train, dans l'avion. Avec ou sans lumière, avec ou sans bruit. Sain ou malade, serein ou comprimé par l'angoisse. Quoi qu'il arrive, quoi qu'il m'arrive, je dors. C'est elle qui, parfois, doit s'abrutir devant une émission ou une série pour me laisser faire usage de mon pouvoir. Elle croit sûrement me faciliter la tâche ; elle oublie simplement que je prendrai toujours le relais, même si la tête est pleine à craquer du quotidien, l'estomac agité et les muscles agacés.

Elle rêve ; je fais tout le reste. Je peux enfin ralentir – le cœur bat moins nerveusement, les poumons se remplissent plus lentement. Je suis enfin seul : je cicatrise, je retiens, je comprends, j'apprends, je trie, je digère.

Prendre corps

Son immense corps allongé, nu, repu, le rose aux joues, les lèvres encore pleines de désir et de baisers, Étienne suggère. Il trouverait très excitant de se faire pénétrer par sa partenaire. C'est un plaisir qu'il découvre, il se masturbe parfois comme ça. Toute petite dans ses bras, je m'enthousiasme.

L'objet n'a rien d'un jouet ; comme mes lunettes, il est conçu pour faire de moi un être augmenté. La partie phallique de l'outil, à l'extrémité ingénieusement incurvée, est reliée à un œuf par un cou flexible. Si j'insère cet œuf dans mon vagin, je suis équipée d'un pénis de silicone aussi ferme que soyeux. Mon périnée, en se contractant, fait bouger l'objet ; et, du même mouvement, caresse l'intérieur de mon vagin. Je peux désormais pénétrer, et jouir des sensations physiques de cette pénétration. C'est plus qu'astucieux, c'est du pur génie.

Évidemment, le godemichet est aussi habilité à vibrer, un peu beaucoup passionnément, il suffit de le lui demander. La bagatelle coûte une couille, mais Étienne avait vraiment très envie que je l'encule.

Je découvre la difficulté de ne pas être brusque, malgré la hâte, malgré la brûlure du désir. Écrasée par la vulnérabilité d'Étienne, par la difficulté à interpréter les expressions de son visage, ses mouvements et ses gémissements, j'ai peur de lui faire mal. Je me retrouve incapable de distinguer, sur ce corps que je connais pourtant si bien, l'excitation de la gêne, le plaisir de la douleur. Si je le blesse, la seule immobilité ne suffira pas à l'apaiser, il faudra que je me retire, le plus délicatement possible. Je me découvre maladroite.

Étienne apprend aussi. Il se rend compte de la difficulté de s'approprier le plaisir quand on est pénétré. Il craint d'avoir mal, de ne pas me signifier suffisamment vite qu'il a mal. Il tente de s'absorber dans les sensations que j'ai si souvent éprouvées entre ses mains, une sur ma hanche l'autre autour de mon cou, ce plaisir affolant qui me dépasse en même temps qu'il disparaît, de plus en plus vite.

Encore nus, humides de sueur, nos étonnements se rencontrent. Il dit plus « je t'aime » quand il est pénétré que quand il pénètre, je suis moins câline après l'avoir pénétré qu'après avoir été pénétrée. Ça me rend mélancolique, mais c'est comme ça. On redécouvre, l'un et l'autre, l'ampleur des significations de la pénétration.

Mais ce qui l'excite, lui, c'est que, me dotant d'un pénis, je devienne homme et le rende femme – humble et dominée. Je suis incapable d'infliger cette violence, elle me rebute. Je peux mimer la domination. Pas le pouvoir que j'aurais s'il était réellement une femme et moi vraiment un homme. Je ne veux pas de ce pouvoir. Je refuse aussi qu'il puisse ainsi jouir d'un rôle dont je ne peux pas, moi, me défaire à loisir. Ce n'est pas un jeu d'être une femme, encore moins face à un homme.

Ce qui me bouleverse, moi, c'est de demeurer femme, qu'il demeure homme, et de le pénétrer, quand même.

Corps et âme

Nos automatismes, nos habitudes, nos techniques, ces moments où nous nous échappons à notre vigilance : ce qui nous unit le plus fermement l'un à l'autre. Notre façon de marcher, nos gestes et nos expressions, qui n'appartiennent qu'à nous et disparaîtront avec nous. Peut-être quelques-uns nous survivront-ils ; comme l'habitude de se mordiller l'intérieur des joues pour mieux réfléchir, puisque nous en avons hérité de notre mère chérie.

L'union est rarement aussi manifeste que lors des urgences matinales – quelle équipe nous formons alors ! Impossible de démêler celle qui pense de celui qui fait. Dernière gorgée de café, top départ. Se doucher, se maquiller, s'habiller. La cadence s'emballe progressivement. Puis le manteau s'enfile tout seul, pendant que, par télékinésie, les fenêtres se ferment, les lumières s'éteignent. La sensation des clefs dans notre main, un dernier regard pour remettre les objets à leur place. Porte claquée, mission réussie. Sur le téléphone nos quelques minutes de retard s'affichent, sourire complice dans le miroir de l'ascenseur : nous ignorons lequel de nous résiste si fort aux horaires, mais c'est toujours lui qui gagne.

Plus jouissif encore que l'habitude, son échec. Comme tous les matins depuis toujours et pour toujours, nous nous préparons un café ; certains jours, nous versons l'eau bouillante dans une tasse vide ; d'autres, directement dans le pot rempli de café. Difficile de déterminer lequel de nous deux joue un tour à l'autre, lequel, malicieux, a voulu se faire remarquer par l'autre. Nos sourcils se soulèvent pour mimer l'agacement. Parfois l'habitude nous trompe. Trahis par un escalator immobile, par exemple. Vous la connaissez, vous aussi, cette étrange sensation dans les jambes, qui s'attendaient à être portées, surprises par leur propre poids et leur inertie ? Nous étions unis dans l'habitude, par ces gestes que nous pouvons effectuer sans les penser, sans les préparer, sans même les éprouver. Et nous voilà unis, par le grain de sable dans l'engrenage habituel, dans une complicité désormais bien consciente.

Plus que jamais, nous communions dans l'apprentissage. D'abord nous mimons. Nous pensons comme nous écoutons ou lisons les pensées se déployer, nous bougeons en observant les autres se mouvoir. Puis nous incorporons de ce que nous savons, gestes ou pensées, techniques ou idées. Pour apprendre, nous devenons ce que nous savons – nous oublions. Et si nous oublions pour mieux savoir, c'est parce que la mémoire demeure l'énigme que nous partageons le mieux. En elle, le souvenir émerveillé des plaisirs, des personnes aimées, les ébranlements de la souffrance. Les mouvements du yoga et de la nage, les noms et les raisonnements des philosophes. Les cartes des lieux visités et affectionnés, aussi – les noms des rues, le toucher du sol, les odeurs et les bruits. Les innombrables nuances de gris de l'Irlande, les camaïeux de vert normands.

Au contact des autres, nous nous fondons l'un dans l'autre. Dans la tendresse des regards posés sur eux, les éclats de rire qu'ils provoquent, les caresses et les baisers. Ces rares corps auprès desquels la dualité s'efface, où nous sommes tout entiers nos paroles, nos sourires et nos gestes. Ces autres qui laissent exister chacune de nos pensées, nos parcelles de chair, nos douleurs, nos incompréhensions – ce que nous sommes.

Remerciements

Merci à mes premières lectrices et amies : Alizée, Anna, Jennifer, Laurine, Manon, Mathilde, Suzel et Yeelen.

Merci à Clémence et Manon pour leur amitié, leur soutien sans faille et leur fidélité. Merci à Roland d'avoir répondu à mes questions anatomiques – et de me soigner.

Merci à mon éditrice Lize Veyrard pour sa générosité, sa sensibilité et ses encouragements. Merci à Noëlle Fiorentino de m'avoir appris la rigueur et l'admiration. Merci à Olivier Campa de m'avoir tournée vers la philosophie.

Merci à mes parents, bien sûr, pour tout – et à ma grand-mère.

Table

Reproduit et achevé d'imprimer
par Normadie Roto Impression s.a.s. Lonrai
en juin 2024.
Numéro d'imprimeur : 2401258

Imprimé en France.